Moderne PANZER weltweit

Michael Scheibert

Titelbild:
Moderner brasilianischer Kampfpanzer OSORIO EE-T1.

Umschlagseite, hinten:
Vom amerikanischen Schützenpanzer M2 BRADLEY absitzende Schützen.
(Tank Magazine)

PODZUN-PALLAS-Verlag, Markt 9, 6360 Friedberg/H. 3 Tel:06031/3131
Fax: 06031/62969
Satz: Diana Tillinger
Technische Herstellung: Buch- und Offsetdruck Ernst Uhl, 7760 Radolfzell
ISBN: 3-7909-0441-4

Das illustrierte Nachschlagewerk

Moderne PANZER weltweit

Michael Scheibert

PODZUN - PALLAS

Danksagung und Quellen
Für die Hilfen bei der Beschaffung des Bildmaterials habe ich besonders zu danken den Herren: General G.K. Otis, Oberst a.D. V. Belloch, Oberstleutnant W. Schneider, Hauptmann i.G. Dr. H. Eberhard, W.J. Spielberger

Ferner waren mir behilflich:
— der Heeresverbindungsoffizier an der Königlich Britischen Panzertruppenschule (RAC-Centre)
— The Tank Automotive Command (USA)

Weitere Bilder entstammen:
Zeitschriften/Handbüchern
— Armada International
— Das Waffen-Arsenal
— Erkennungsblätter
— Truppenzeitschrift Heer
— Jane's Defence Weekly
— Jane's Armour and Artillery 1986
— Soldat und Technik
— Taschenbuch der Panzer/Tanks of the world
— The Tank Magazine
— Tracks and Trucks of RI-KU-JI
— Wehrtechnik

Archive:
— Engesa
— Giat
— Krauss Maffei
— Leutnant O. von Luckwald
— Royal Armour Corps Centre
— Michael Scheibert
— Thyssen Henschel
— Wegmann
— US-Army

Inhalt

Einleitung

Als beweglicher und gepanzerter Waffenträger zum Aufbrechen des Stellungskrieges im Ersten Weltkrieg eingeführt, sind Panzer heute in allen modernen Armeen zum Hauptträger des Gefechts geworden. Nur sie vereinen in möglichst ausgewogener Weise die wichtigsten Elemente des Kampfes: Feuerkraft, Beweglichkeit und Panzerschutz. Obwohl die Gleiskette wegen des geringen Bodendrucks und der ihr eigenen Griffigkeit beste Voraussetzungen für die Geländegängigkeit bietet, können mit modernen, gepanzerten Radfahrzeugen in Teilbereichen heute ähnliche Leistungen erzielt werden. Panzer im weitesten Sinne sind gepanzerte und geländegängige Gefechts- oder Transportfahrzeuge, die es in modernen Armeen für nahezu alle Truppengattungen gibt. Dieses Buch beschränkt sich auf Gefechtsfahrzeuge der Kampftruppen, also Kampfpanzer, Schützenpanzer, Jagdpanzer und Spähpanzer. Die Differenzierung ergibt sich aus der unterschiedlichen Aufgabenstellung. **Kampfpanzer** sind geeignet für raumgreifende Operationen (Angriff und Verzögerung), zugleich sind sie auch in der Verteidigung das beste und reaktionsschnellste erdgebundene Waffensystem zur Panzerabwehr bis zu einer Kampfentfernung von ca. 2.500 m. **Schützenpanzer** werden meist im Verbund mit Kampfpanzern eingesetzt; sie haben ihre Stärken dort, wo der Kampfpanzer Schwächen hat: Im Orts- und Waldkampf, im Kampf gegen den Feind im Nahbereich, im Bekämpfen von Flächenzielen. Moderne Schützenpanzer sind für den Kampf gegen feindliche Kampfpanzer mit Panzerabwehrraketensystemen (PARS) bis zu einer Kampfentfernung von 3.000 m ausgerüstet. Mitgeführte Schützen bis zur Gruppenstärke können sowohl auf — als auch abgesessen kämpfen. Der **Jagdpanzer** ist vorwiegend für die Verteidigung geeignet. Er bekämpft gefährliche Einzelziele mit PARS, die außerhalb der wirksamen Kampfentfernung der Kampfpanzer liegen (bis 4.000 m). Im Angriff kann er zur Überwachung der vorfahrenden Kampf- und Schützenpanzer sowie zum Schutz offener Flanken eingesetzt werden. In der Verzögerung ermöglicht er das Ausweichen eigener Kräfte durch seinen Waffeneinsatz auf weite Kampfentfernung. Der **Spähpanzer** arbeitet im Verborgenen; in versteckter Stellung soll er viel aufklären und melden, ohne selbst entdeckt zu werden. Hierzu ist er mit leistungsstarken Optiken, Sensoren und Funkgeräten ausgerüstet. Oft wird der Einsatz tief im feindlichen Gebiet angestrebt; geringe Geräuschentwicklung und geringe Wärmeabstrahlung sind hierzu erforderlich. Die Bewaffnung wird nur im Notfall eingesetzt, sie dient der Selbstverteidigung. Als **moderne** Panzer versteht der Autor die Panzer, die nach seiner Einschätzung hinreichende Überlebenschancen in einem europäischen Kriegsschauplatz hätten. Um den Umfang des Buches nicht zu sprengen, wurden bei den Schützenpanzern und Spähpanzern nur Fahrzeuge aufgeführt, die als Hauptbewaffnung zumindest mit einer 20mm-Bordmaschinenkanone bewaffnet sind. Zu Schützenpanzern zählt der Autor nur Schützenkampfwagen, die — über die Aufgabe eines Mannschaftstransportwagens hinaus — den aufgesessenen Kampf mit und ohne Maschinenkanone ermöglichen. Insgesamt wurden nur die Panzer berücksichtigt, die bereits in Serie hergestellt wurden und im Truppengebrauch stehen bzw. deren Serienherstellung in absehbarer Zeit bevorsteht.

Neuer französischer Kampfpanzer LECLERC mit 120 mm-Glattrohrkanone.

Der amerikanische Schützenpanzer M2 BRADLEY wurde auch während des Golfkrieges eingesetzt. Er ist mit einer 25 mm-Bordkanone und dem Panzerabwehrraketensystem TOW bewaffnet. Er führt neben der Kernbesatzung (Kommandant, Richtschütze und Fahrer) bis zu sieben Schützen im hinteren Kampfraum mit. (Tank Magazine)

Glossar

BK	—	Bordkanone
BMK	—	Bordmaschinenkanone
E-Messer	—	Entfernungsmesser
FlaMG	—	Fliegerabwehrmaschinengewehr
GefGew	—	Gefechtsgewicht
GUS	—	Gemeinschaft Unabhängiger Staaten
IR	—	Infrarot
JPz	—	Jagdpanzer
KPz	—	Kampfpanzer
LFK	—	Lenkflugkörper
MG	—	Maschinengewehr
MTW	—	Mannschaftstransportwagen
NVA	—	Nationale Volksarmee
PAK	—	Panzerabwehrkanone
PARS	—	Panzerabwehrraketensystem
Pz	—	Panzer
PzAbwLFK	—	Panzerabwehrlenkflugkörper
PzAbwRak	—	Panzerabwehrrakete
SpähPz	—	Spähpanzer
SPz	—	Schützenpanzer
WBG	—	Wärmebildgerät
WOE	—	Wärmeortungsempfänger

Spähpanzer LUCHS

Der SpähPz LUCHS lehnt sich in seiner Konzeption als 8-Rad-Panzer mit Rückwärtsfahrer stark an die 8-Rad-Spähwagen der Wehrmacht an. Trotzdem verkörpert er durch seine hohe Mobilität, geringe Geräuschentwicklung und Aufklärungssensorik moderne Wehrtechnik. Er ist schwimmfähig und wird in Wasserfahrt durch zwei steuerbare Heckschrauben angetrieben. (Thyssen Henschel)

1964 schlossen mehrere deutsche Firmen (Gemeinschaftsbüro) einen Vertrag zur gemeinsamen Entwicklung einer gepanzerten Radfahrzeugfamilie. Ein Jahr später vergab in Konkurrenz zum Gemeinschaftsbüro die Firma Daimler-Benz einen Konstruktionsauftrag zum gleichen Zweck an die Firma Porsche. Ab 1968 wurden von beiden Firmengruppen insgesamt neun Prototypfahrzeuge vorgestellt und erprobt. Nachdem man sich zunächst auf eine 8-Rad-Spähpanzer-Version beschied, wurde 1971 der Daimler-Benz-Entwurf ausgewählt und die Firma Thyssen Henschel mit der Serienproduktion betraut. Ab 1975 erhielt das deutsche Heer 408 Spähpanzer LUCHS. Zehn Jahre später begann die Kampfwertsteigerung aller SpähPz LUCHS zur Version LUCHS A2: Der Infrarot-/Weißlichtschießscheinwerfer entfiel, ein Wärmebildgerät wurde nachgerüstet. Der LUCHS besitzt eine 20 mm-BMK im 2-Mann-Turm und ein FlaMG an der Kommandantenluke als Bewaffnung. Allradantrieb und Lenkung über alle vier Achsen, in Verbindung mit der Einrichtung des Rückwärtsfahrers im Fahrzeugheck machen ihn höchst beweglich und reaktionsschnell. Er ist schwimmfähig und wird bei Wasserfahrt durch zwei steuerbare Heckpropeller bewegt. Der extrem leise, turboaufgeladene Daimler-Benz-V10-Dieselmotor (DM 403A) ist gekoppelt mit einem automatischen ZF-Getriebe. Spähtruppführer-Fahrzeuge wurden mit einer weitreichenden Fahrzeugfunkanlage (400 W) ausgestattet.

Technische Daten LUCHS A2

Verwendungszweck: Spähpanzer; Herstellerland: Deutschland; Besatzung: 4 (davon 2 Kraftfahrer); Gewicht: 19,8 t (GefGew); Länge (Rohr 12 Uhr): 7,74 m; Breite: 2,98 m; Höhe: 2,91 m; Fahrbereich (Straße): 700 km; Motortyp: Diesel; Motorleistung: 390 PS; Geschwindigkeit (Straße): 90 km/h; Bewaffnung: BMK 20 mm, 1 FlaMG 7,62 mm

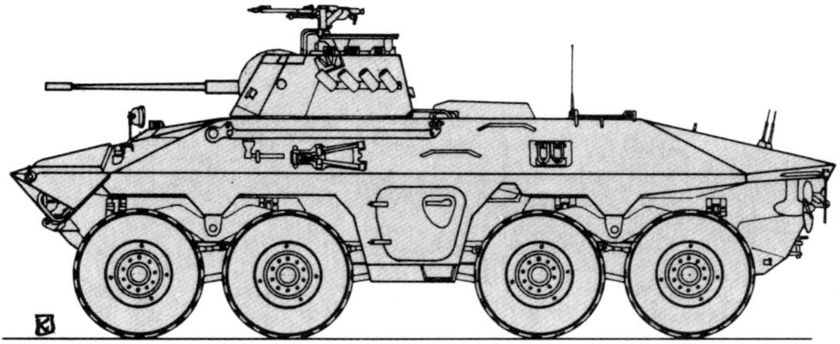

SpähPz LUCHS A2 (Erkennungsblätter)

Durch die Kampfwertsteigerung zur Version A2 wurde der LUCHS voll nachtkampffähig. Das auf dem Turmdach durch Bügel geschützte Wärmebildgerät befähigt zur Zielaufklärung und -bekämpfung jeglicher Wärmequellen, wie abgesessene Schützen, Gefechtsfahrzeuge und Hubschrauber. Der Allradantrieb und die Allradlenkung sowie der Rückwärtsfahrer verleihen dem LUCHS hohe Beweglichkeit und rasches Reaktionsvermögen.

Spähpanzer AMX-10RC

6-Rad-SpähPz AMX-10 RC mit 105 mm-Glattrohrkanone. (Wehrtechnik)

Die Entwicklung des französischen AMX-10RC begann im Jahr 1970 und führte sechs Jahre später zur Serienproduktion. Die Lenkung des 6 x 6-Radfahrzeuges erfolgt durch Abbremsen auf einer Seite; die Räder sind unabhängig voneinander hydropneumatisch gefedert und können durch den Fahrer einzeln angehoben bzw. abgesenkt werden. Im Jahre 1985 wurde der ältere Hispano-Suiza-Motor (HS-115) durch den moderneren Baudoin-Dieselmotor (GF11SRX) mit einer Leistung von 280 PS ersetzt. Das Fahrzeug ist schwimmfähig und wird im Wasser durch zwei Wasserstrahldüsen im Heck angetrieben. Der 3-Mann-Turm ist mit einer 105 mm-Glattrohrkanone mit Mündungsbremse und einem 7,62 mm-FlaMG ausgerüstet. Die rechnergestützte Feuerleitanlage ist neben der Tagesoptik mit einem Laser-Entfernungsmesser und einem Restlichtbildgerät gekoppelt. Das Fahrzeug besitzt eine kollektive ABC-Schutzbelüftungsanlage für alle vier Besatzungsmitglieder. Der SpähPz AMX-10RC verrichtet seinen Dienst in der französischen und marokkanischen Armee.

Technische Daten AMX-10RC

Verwendungszweck: Spähpanzer; Herstellerland: Frankreich; Besatzung: 4; Gewicht: 15,9 t (GefGew); Länge (Rohr 12 Uhr): 9,15 m; Breite: 2,95 m; Höhe: 2,68 m; Fahrbereich (Straße): 1.000 km; Motortyp: Diesel; Motorleistung: 280 PS; Geschwindigkeit (Straße): 85 km/h; Bewaffnung: BK 105 mm (Glattrohr), 1 FlaMG 7,62 mm

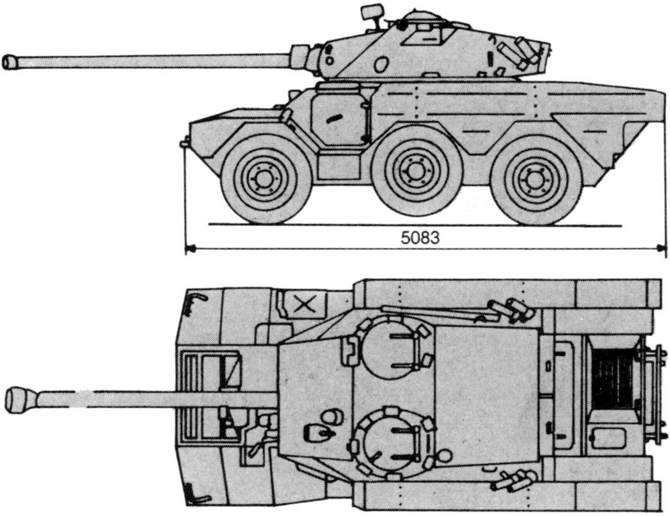

SpähPz AMX-10 RC (Erkennungsblätter)

Der SpähPz AMX-10 RC besitzt durch seine 105 mm-Glattrohrkanone, die rechnergestützte Feuerleitanlage und den Laser-Entfernungsmesser eine hohe Kampfkraft. Gute Beweglichkeit und hinlängliche Nachtkampffähigkeit kennzeichnen ihn. Er wird in der französischen Armee auf Korps- und Divisionsebene eingesetzt. (Soldat und Technik)

Spähpanzer ERC 90 SAGAIE

Der 6-Rad-SpäPz ERC 90 SAGAIE wird seit 1984 in der französischen Armee eingesetzt. Er ist mit einer 90 mm-F4-Zugrohrkanone von GIAT ausgerüstet, die Wuchtgeschosse mit 1.275 m/s verschießt. Für die Hauptbewaffnung werden insgesamt 21 Patronen mitgeführt. Auffällig ist der größere Abstand zwischen dem ersten und zweiten Rad. Ähnlich wie beim AMX-10 RC können auch beim ERC 90 SAGAIE die mittleren Räder angehoben werden. Vom ERC gibt es eine Reihe von Familienfahrzeugen mit unterschiedlicher Turmkonfiguration und Waffenaustattung. Die Version ERC 90 F1 LYNX (Argentinien, Mexiko und Tschad) ist mit einer nicht kombatiblen 90 mm-F1-Zugrohrkanone, einer kombinierten Tag-/Nachtoptik und einem Laser-Entfernungsmesser ausgerüstet. Der ERC SAGAIE 2 (Gabun) mit TTB-190-Turm wird mit unterschiedlicher Panzerung und zwei unterschiedlichen Optionen für die Munitionsverstauung angeboten. Als weitere Familienfahrzeuge stehen der ERC 20 KRISS (Gabun) als FlakPz und der ERC 60/20 SERVAL (Niger) als Trägerfahrzeug für einen automatischen 60 mm-Mörser und außenlafettierter 20 mm-MK im Truppengebrauch.

Auf Privatinitiative der Firma Panhard begann 1975 die Entwicklung des SpähPz ERC 90 für Exportzwecke. Im Zeitraum 1978 bis 1980 führte die französische Armee eine Bewertung des Fahrzeugs durch, die mit dem Entschluß, das Fahrzeug einzuführen, abschloß. Im Jahr 1984 wurden der französischen Armee die ersten Serienfahrzeuge mit der Bezeichnung ERC 90 F4 SAGAIE übergeben; im selben Jahr erfolgte auch die Vorstellung der geringfügig längeren Version SAGAIE 2. Die ERC-Familie umfaßt neben dem 6 x 6 Rad-Spähpanzer Fahrzeuge mit abweichendem Turm und anderer BK bzw. Träger für Mörser und zur Flugabwehr. Der SpähPz ERC 90 F4 SAGAIE ist mit einer gezogenen 90 mm-BK, die Wuchtgeschosse mit einer Anfangsgeschwindigkeit von 1.275 m/s verschießen kann, einem koaxialen 7,62 mm-TurmMG und einem 7,62 mm-FlaMG bewaffnet. Das Fahrzeug wird durch einen 155-PS-Ottomotor angetrieben, für die Wasserfahrt stehen zwei Wasserstrahldüsen am Heck zur Verfügung. Fahrzeuge der ERC-Familie stehen in Frankreich, in afrikanischen, in mittel- und südamerikanischen Staaten im Einsatz.

Technische Daten ERC 90 F4 SAGAIE

Verwendungszweck: Spähpanzer; Herstellerland: Frankreich; Besatzung: 3; Gewicht: 8,1 t (GefGew); Länge (Rohr 12 Uhr): 7,69 m; Breite: 1,97 m; Höhe: 2,07 m; Fahrbereich (Straße): 700 km; Motortyp: Otto; Motorleistung: 155 PS; Geschwindigkeit (Straße): 95 km/h; Bewaffnung: BK 90 mm, 1 MG 7,62 mm, 1 FlaMG 7,62 mm

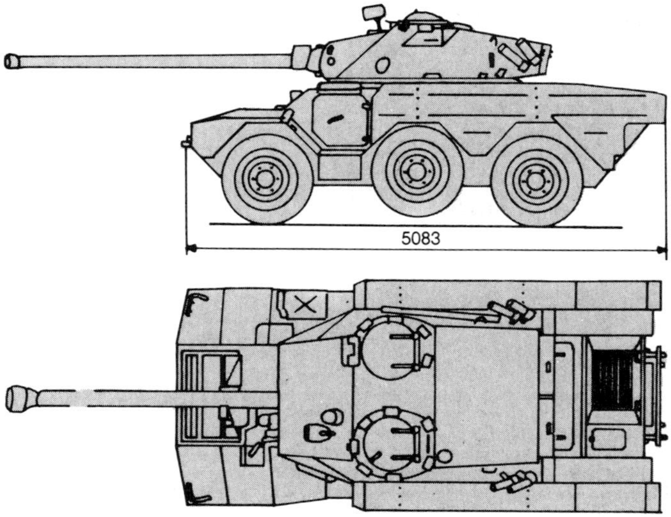

SpähPz ERC 90 F4 SAGAIE (Erkennungsblätter)

Deutlich erkennbar: Die sehr flache Front, der große Abstand zwischen dem ersten und zweiten Rad, die großen kastenförmigen Radabdeckungen über den Rädern der mittleren und hinteren Achsen. (Erkennungsblätter)

Spähpanzer CVR-T

Die Entwicklung der britischen Spähpanzer auf Kette (Combat Vehicle, Reconnaissance, Tracked = CVR-T) begann im Jahre 1965 bei der Firma Alvis. Vier Jahre später wurde der erste Prototyp des mit einer 76 mm-BK bewaffneten Spähpanzers SCORPION vorgestellt. 1971 war dann auch der mit gleichem Fahrgestell und gleichem Turm, jedoch mit einer 30 mm-BMK ausgerüstete Prototyp des SCIMITAR fertiggestellt. In gleicher Reihenfolge begann nach der Erprobung die Serienherstellung im Jahre 1972 bzw. 1974. Beide Fahrzeuge sind mit einem koaxialen 7,62 mm-MG ausgestattet. Sie verfügen über jeweils zwei Tagesoptiken auf dem Turmdach und ein unabhängiges, passives Nachtsichtgerät. Bei Fahrzeugen im britischen Heer wurde der 190-PS-Sechszylinder-Ottomotor (Jaguar J60) gegen den turboaufgeladenen 200-PS-Dieselmotor (Perkins T6-3544) ausgetauscht. Weltweit eingesetzte Exportfahrzeuge unterscheiden sich zum Teil in vielen Einzelheiten von der britischen Basis-Ausführung. Neben den beiden Spähpanzerversionen SCORPION und SCIMITER gibt es noch eine größere Anzahl weiterer Familienfahrzeuge mit anderer Zweckbestimmung — so beispielsweise der Jagdpanzer STRIKER.

Technische Daten SCORPION, SCIMITER

Verwendungszweck: Spähpanzer; Herstellerland: Großbritannien; Besatzung: 3; Gewicht: SCORPION: 7,9 t, SCIMITER: 10,0 t; Länge (Rohr 12 Uhr): SCORPION: 4,55 m, SCIMITER: 4,85 m; Breite: 2,13 m; Höhe: 2,10 m; Bodendruck: SCORPION: 0,36 kg/cm², SCIMITER: ?; Fahrbereich (Straße): 600 km; Motortyp: Diesel; Motorleistung: 200 PS; Geschwindigkeit (Straße): 80 km/h; Bewaffnung: SCORPION: BK 76 mm, 1 MG 7,62 mm, SCIMITER: BMK 30 mm, 1 MG 7,62 mm

Oben und unten: SpähPz SCORPION (Erkennungsblätter)

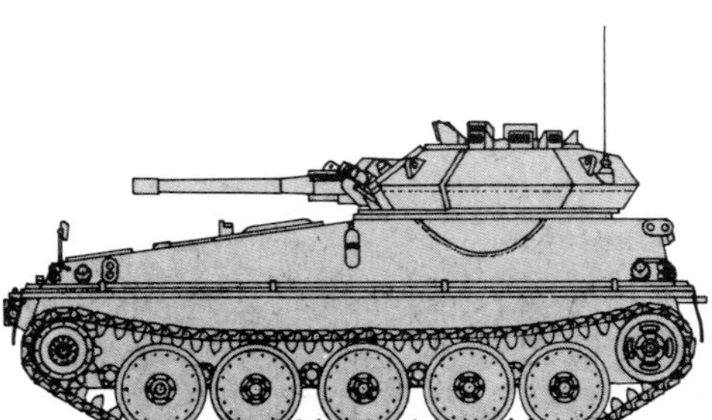

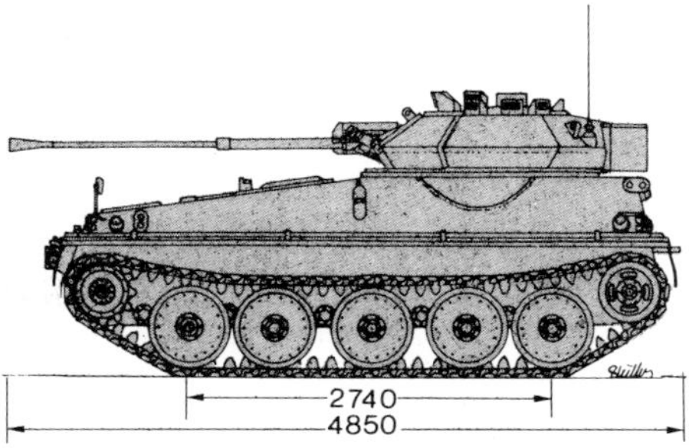

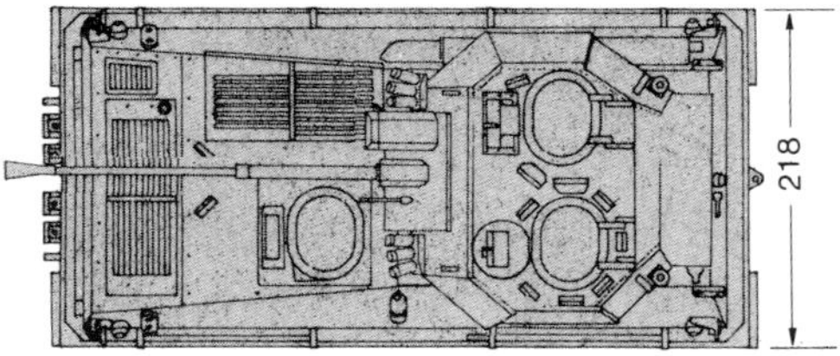

Oben und unten: Der britische SpähPz SCIMITAR befindet sich seit 1974 im Einsatz bei der britischen Armee. Er ist mit dem gleichen Turm wie der SCORPION, jedoch mit einer 30 mm-BMK von Rarden ausgestattet. An Kampfbeladung führt der SCIMITAR 165 30 mm-Patronen und 3.000 7,62 mm-Patronen mit. Das kleine und niedrige Fahrzeug verfügt über einen achteckigen Turm auf dem hinteren Teil der Wanne. Das drehstabgefederte Räderlaufwerk besitzt fünf Laufräder; der Antrieb erfolgt vorn, das Triebwerk befindet sich rechts neben dem Fahrer. Außerhalb Großbritanniens ist der SCIMITAR noch in Belgien, Honduras und Nigeria im Truppengebrauch. (Erkennungsblätter)

Spähpanzer COUGAR

195 Fahrzeuge des 6-Rad-Spähpanzer COUGAR befinden sich bei der kanadischen Armee im Einsatz. (Erkennungsblätter)

Der kanadische Spähpanzer COUGAR ist ein Konstruktionsentwurf der schweizerischen Firma MOWAG. Er ist eine Lizenzproduktion einer Abart des MTW PIRANHA von General Motors of Canada in Zusammenarbeit mit anderen Firmen. Das erste Serienfahrzeug wurde der kanadischen Armee 1979 übergeben. Das schwimmfähige Fahrzeug ist mit einer 76,2 mm-BK und einem koaxialen 7,62 mm-MG in einem 2-Mann-Turm bewaffnet. Angetrieben wird das Fahrzeug durch einen 300-PS-V6-Dieselmotor (GM Detroit Diesel) und ein Automatikgetriebe (Allison MT 653 TC). Im Wasser wird das Fahrzeug durch zwei steuerbare Heckschrauben bewegt. Neben dem SpähPz COUGAR befinden sich in der kanadischen Armee und Miliz als weitere Familienfahrzeuge der MTW GRIZZLY und das Instandsetzungsfahrzeug HUSKY.

Technische Daten COUGAR

Verwendungszweck: Spähpanzer; Herstellerland: Kanada; Besatzung: 3; Gewicht: 9,5 t; Länge (Rohr 12 Uhr): 5,97 m; Breite: 2,50 m; Höhe: 2,62 m; Fahrbereich (Straße): 600 km; Motortyp: Diesel; Motorleistung: 300 PS; Geschwindigkeit (Straße): 100 km/h; Bewaffnung: BK 76,2 mm, 1 MG 7,62 mm

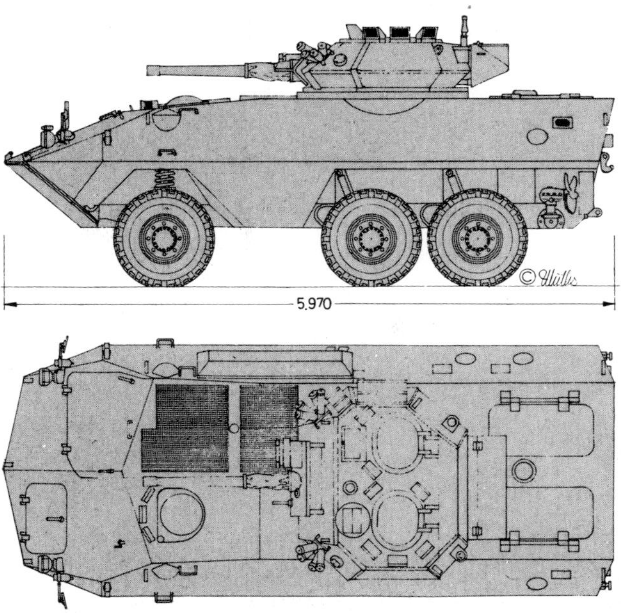

SpähPz COUGAR (Erkennungsblätter)

Markant ist der große Abstand zwischen dem ersten und zweiten Rad, der bootsförmige, spitze Bug und die fast senkrechte Heckwand mit den Heckpropellern hinter der dritten Achse. Der weit hinten sitzende Drehturm ist geringfügig nach links versetzt, er besitzt gebrochene Seitenwände sowie eine Heckauslage und ist mit einer BK 76,2 mm L23A1 ohne Mündungsbremse ausgerüstet. Auf dem Turmdach sind die großen Ausblicke der Winkelspiegel gut erkennbar. (Erkennungsblätter)

Spähpanzer M3

Spähpanzer M3 BRADLEY der US-Army. (Soldat und Technik)

Der amerikanische SpähPz M3 ist ein Schwesterfahrzeug des SPz M2 BRADLEY. Seine Serienproduktion begann wie beim M2 im Jahr 1981. Auch er wurde ab 1985 mit der Version M3 A1 befähigt, den leistungsfähigeren LFK TOW 2 zu verschießen. Ferner erhielt er einen besseren Schutz des Wannenbodens gegen Minen, eine kollektive ABC-Schutzbelüftungsanlage für den Fahrer, Kommandanten und Richtschützen, einen Sicherheitskontakt an den Luken, der ein Abfeuern der BMK bei geöffneten Luken verhindert sowie Winkelspiegel am hinteren Wannendach. Ab 1988 begann die Kampfwertsteigerung zum A2-Standard durch die Verbesserung des Panzerschutzes sowie durch die gefahrlosere Verstauung der Munition, des Betriebsstoffes und einsatzwichtiger Betriebselemente. Für den SpähPz M3 ist ebenfalls ab 1995 die Nachrüstung durch eine 40-50 mm-BMK und ein PARS neuerer Generation vorgesehen. Im Unterschied zum SPz M2 befinden sich im SpähPz M3 lediglich fünf Besatzungsmitglieder; er verfügt jedoch über einen größeren Munitionsvorrat für die 25 mm-BMK, das koaxiale 7,62 mm-MG und führt anstelle von sieben zwölf LFK TOW mit. Die Waffenanlage ist elektrisch stabilisiert; die 25 mm-BMK besitzt eine Doppelgurtzuführung und kann entweder Einzelfeuer oder Dauerfeuer in einer Kadenz von 100 bzw. 200 Schuß pro Minute schießen. Der Richtschütze verfügt über eine integrierte Tages-/Nachtoptik (Wärmebildgerät) mit einer Übertragung zum Kommandanten. Das Triebwerk entspricht dem des SPz M2 BRADLEY. Der M3 ist lediglich bei der US-Army im Einsatz.

Technische Daten M3 A2

Verwendungszweck: Spähpanzer; Herstellerland: USA; Besatzung: 5; Gewicht: 27,2 t; Länge (Rohr 12 Uhr): 6,55 m; Breite: 3,20 m; Höhe: 2,97 m; Bodendruck: ?; Fahrbereich (Straße): ?; Motortyp: Diesel; Motorleistung: 608 PS; Geschwindigkeit (Straße): 61 km/h; Bewaffnung: BMK 25 mm, 1 MG 7,62 mm, PARS TOW 2 (12 LFK)

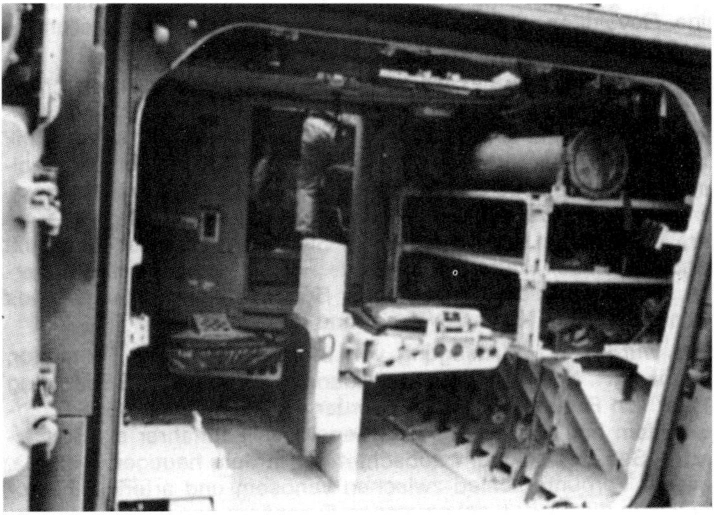

Einblick durch die geöffnete Heckklappe in das Innere des SpähPz M3 A1: in der Mitte der Sitzplätze der beiden Aufklärer im hinteren Kampfraum; rechts der Stauplatz für PzAbwLFK TOW 2; darunter Stauraum für die 25 mm-Munition der BMK. (Soldat und Technik)

M3 A2 mit Zusatzpanzerung an der Wanne und im Turmbereich. Seit Mai 1988 erhielten die M2 A1/M3 A1 Zusatzpanzerungen zusammen mit Halterungen für Reaktivpanzerung sowie eine innere Splitterschutzauskleidung. Die Anzahl der Kugelblenden verringerte sich dadurch von sechs auf verbleibende zwei im Heckbereich. Durch Umverstauung der Munition auf den Wannenboden und außen an das Fahrzeugheck wurde die Überlebensfähigkeit der Besatzung gesteigert; die Leistung des Motors wurde von 500 auf 608 PS erhöht. (Soldat und Technik)

Kampfpanzer TAM

Entwickelt auf der Basis des deutschen SPz MARDER 1: Links der KPz TAM, rechts der SPz VCTP des argentinischen Heeres. (Soldat und Technik)

Auf der Basis des MARDER 1-Fahrgestells wurde für den Export durch die Firma Thyssen Henschel der leichte Kampfpanzer TH-301 entwickelt. Mit geringen Abänderungen in Argentinien in Lizenz hergestellt, trägt dieses Fahrzeug nunmehr die Bezeichnung TAM (Tanque Argentino Mediano). Der KPz TAM des argentinischen Heeres ist mit einer 105mm-Bordkanone (Rh 105-30) von Rheinmetall, einem achsparallelen Blenden-MG und einem FlaMG an der Kommandantenluke ausgerüstet. Er besitzt eine hochwertige Feuerleitanlage mit Laser-Entfernungsmesser, vollstabilisierte Waffenanlage und Rüstschützenoptik, eigenstabilisiertem Rundblickperiskop des Kommandanten und passiver Nachtsichtoptik. Im Unterschied zum SPz MARDER 1 ist der TAM mit einem leistungsstärkeren 720-PS-Triebwerk ausgestattet.

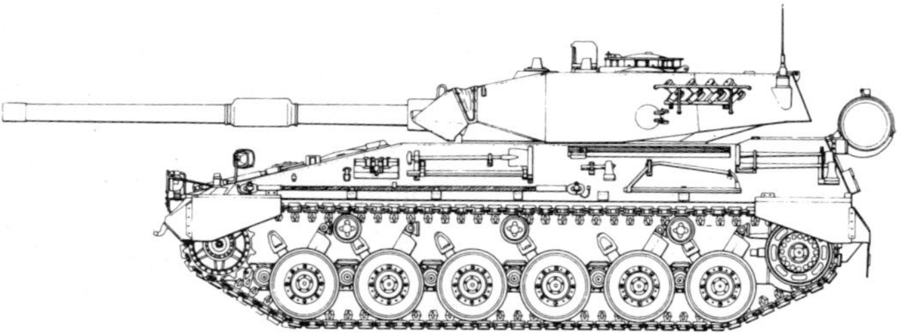

KPz TAM (Tanks of the world)

Technische Daten TAM

Verwendungszweck: leichter Kampfpanzer; Herstellerland: Argentinien; Besatzung: 4; Gewicht: 30,5 t (GefGew); Länge (Rohr 12 Uhr): 8,46 m; Breite: 3,31 m; Höhe: 2,72 m; Bodendruck: 0.79 kg/cm^2; Fahrbereich (Straße): 870 km mit Zusatztanks; Motortyp: Vielstoffmotor; Motorleistung: 720 PS; Geschwindigkeit (Straße): 72 km/h; Bewaffnung: BK 105 mm (gezogen), 1 MG 7,62 mm, 1 FlaMG 7,62 mm

Nahezu identisch zum TAM — der für Exportzwecke in Deutschland entwickelte KPz TH 301. Er ist mit einer auf zwei Ebenen stabilisierten 105 mm-Bordkanone ausgestattet und besitzt eine vollintegrierte Feuerleitanlage, die sowohl den Feuerkampf aus der Stellung als auch während der Fahrt gegen stehende oder fahrende Ziele ermöglicht. Zusätzlich verfügt er über ein stabilisiertes Rundblickperiskop für den Kommandanten sowie über ein passives Ziel- und Beobachtungsgerät (PZB 200), das auf dem Restlichtverstärkerprinzip beruht. Die dazugehörige Kamera befindet sich von Bügeln geschützt rechts oberhalb der BK auf der Blende. Der TH 301 besitzt wie der israelische KPz MERKAVA eine Heckklappe, die ein Beladen, Aufmunitionieren und Ausbooten der Besatzung im Schutz des Fahrzeugs erlaubt. (Thyssen Henschel)

Der in Argentinien in Lizenz hergestellte TAM ist eine abgespeckte Version des TH 301. Er ist mit einem einfacheren Kommandanten-Rundblickperiskop ausgestattet; die passive Nachtsichtoptik fehlt. Der TAM kann mit einem oder zwei abwerfbaren Zusatztanks am Heck ausgerüstet werden. (Thyssen Henschel)

Kampfpanzer OSORIO EE-T1

Der brasilianische KPz OSORIO EE-T1 ist eine eigenständige Entwicklung, die überwiegend bewährte Baugruppen amerikanischer, deutscher und französischer Fertigung verwendet. (Engesa)

Die Entwicklung des brasilianischen Kampfpanzers OSORIO begann im Jahre 1982. Während der erste Prototyp (1985) noch mit einer gezogenen 105 mm-Bordkanone ausgestattet war, erhielt der ein Jahr später vorgestellte Prototyp die 120 mm-Glattrohrkanone von GIAT. Er ist mit einem 7,62 mm-BlendenMG und einem 12,7 mm-FlaMG (optional 7,62 mm-FlaMG) ausgerüstet. Das rechnergestützte Feuerleitsystem nutzt jeweils ein primärstabilisiertes Periskop mit integriertem Laser-Entfernungsmesser für den Richtschützen und den Kommandanten sowie ein für beide Besatzungsmitglieder aufschaltbares Wärmebildgerät. Der OSORIO wird durch einen abgasaufgeladenen 12-Zylinder-Dieselmotor von Deutz (MWM TBD 234) mit einem ZF LSG-3000-Getriebe angetrieben. Er besitzt eine hydropneumatische Federung und einen Hilfsmotor für den Energiehaushalt. Im Jahre 1990 wurde eine Vereinbarung mit Saudi-Arabien für den Bau eines örtlichen Produktionswerkes zur Herstelltung des KPz OSORIO getroffen.

Technische Daten OSORIO EE-T1

Verwendungszweck: Kampfpanzer; Herstellerland: Brasilien/Saudi Arabien; Besatzung: 4; Gewicht: 43,7 t (GefGew); Länge (Rohr 12 Uhr); 10,10 m; Breite: 3,26 m; Höhe: 2,89 m; Bodendruck: ?; Fahrbereich (Straße): 550 km; Motortyp: Diesel; Motorleistung: 1.100 PS; Geschwindigkeit (Straße): 70 km/h; Bewaffnung: BK 120 mm (Glattrohr), 1 MG 7,62 mm, 1 FlaMG 12,7 mm oder 7,62 mm

Die fortschrittliche Konstruktion des OSORIO EE-T1 legt den Schwerpunkt auf Feuerkraft und Beweglichkeit. Auffällig sind die dreifach hintereinander aufgereihten Ausblickköpfe der Hauptoptiken auf der rechten Seite des Turmdaches. (Engesa)

Abweichend von der Version EE-T1 ist u.a. der mittlere Ausblickkopf bei der Version EE-T2 von der rechten Seite des Turmdaches weiter nach hinten in die Mitte des Turmdaches verlegt worden. Unter der Bezeichnung AL FAHD soll der OSORIO in Saudi Arabien hergestellt werden. Seine Fertigung ist jedoch noch immer nicht gänzlich gesichert. (Armada International)

Kampfpanzer T-59/T-69/T-79

KPz T-59 mit 105 mm-Zugrohr-BK. (Tanks of the world)

Rechts oben: KPz T-69 mit 100 mm-Zugrohrkanone chinesischer Fertigung. Gegenüber dem T-59 ist der T-69 II sowohl mit einer rechnergestützten Feuerleitanlage als auch mit einem Laser-Entfernungsmesser ausgerüstet. Verbesserte Tag- und Nachtzieloptiken, ein stärkeres Triebwerk sowie leistungsfähigere Fernmeldemittel bewirken in der Summe eine höhere Kampfkraft. (Soldat und Technik)

Die seit 1956 in der VR China in Lizenz produzierten KPz T-54 (100 mm-BK) erhielten die Bezeichnung T-59. Ab 1969 wurden die chinesischen T-59 zum Teil mit einer gezogenen 105 mm-BK kampfwertgesteigert. Von 1980 an wurden alle KPz mit einem Infrarot-Suchscheinwerfer, später mit einem Laser-Entfernungsmesser auf der Blende ausgestattet. Ab 1982 erschien in der chinesischen Volksarmee ein neuer Kampfpanzertyp, der sich zwar im Wesentlichen an den T-59 anlehnte, jedoch mit einer 100 mm-Glattrohrkanone ausgerüstet war; er erhielt die Bezeichnung T-69 I. Das Fahrzeug besaß außerdem einen einfachen Feuerleitrechner, eine Waffenstabilisierungsanlage, einen Laser-Entfernungsmesser und eine Zieloptik mit integriertem Wärmeortungsempfänger. Da die ballistischen Leistungen des chinesischen Glattrohres unbefriedigend waren, wurde ab 1984 eine 100 mm-Zugrohrkanone eigener Fertigung eingebaut; diese Fahrzeuge erhielten die Bezeichnung T-69 II. Alle Ausführungen des T-69 werden durch einen V12-Dieselmotor mit einer Leistungsabgabe von 635 PS angetrieben; sie erhielten — wie auch alle KPz T-59 — Seitenschürzen. Der 1985 erstmals erschienene T-79 verfügt über ein neues Laufwerk mit je sechs Laufrollen und ein 730-PS-Triebwerk. Er ist mit einer konventionellen 105 mm-Zugrohrkanone mit Rohrwärmeschutzhüllen, einer vergleichsweise zu seinen Vorgängern aufwendigen Feuerleitanlage mit Laser-Entfernungsmesser und Restlichtverstärker-Zielgeräten ausgestattet. Anfang 1985 wurden die neuen KPz-Typen T-85 II und T-85 II A vorgestellt, sie sind zur Erhöhung des Panzerschutzes erstmals mit einem Panzerturm in Schottbauweise ausgerüstet. Bewaffnung und Fahrgestell wurde weitgehend vom T-79 übernommen.

Technische Daten T-59, T-69, T-79

Verwendungszweck: Kampfpanzer; Herstellerland: China; Besatzung: 4; Gewicht: T-59: 36,0 t, T-69: 37,0 t, T-79: 38,0 t; Länge (Rohr 12 Uhr): T-59: ?, T-69: ?, T-79: ?; Breite: T-59: ?, T-69: ?, T-79: ?; Höhe: T-59: ?, T-69: ?, T-79: ?; Bodendruck: T-59: ?, T-69: ?, T-79: ?; Fahrbereich (Straße): T-59: 400 km, T-69: ?, T-79: ?; Motortyp: Diesel; Motorleistung: T-59: 540 PS, T-69: 635 PS, T-79: 730 PS; Geschwindigkeit (Straße): T-59: 50 km/h, T-69: ?, T-79: ?; Bewaffnung: T-59: BK 105 mm, 1 MG 7,62 mm, 1 FlaMG 12,7 mm, T-69: BK 100 mm, Glatt-o. Zugrohr, 1 MG 7,62 mm, 1 FlaMG 12,7 mm, T-79: BK 105 mm, 1 MG 7,62 mm, 1 FlaMG 12,7 mm

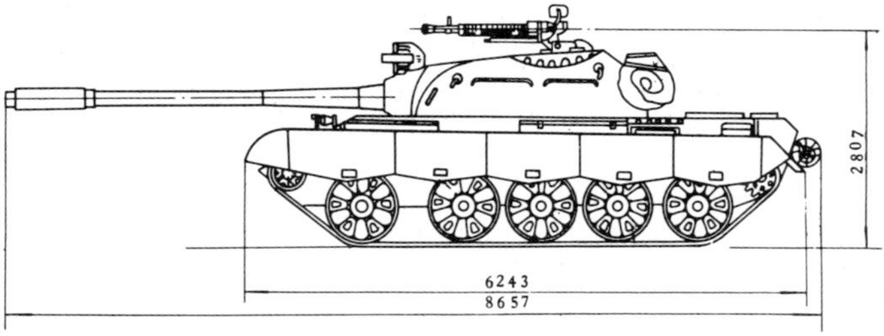

KPz T-69 II (Soldat und Technik)

KPz T-79 mit 105 mm-Zugrohrkanone, einem 6-Rollen-Laufwerk und neuer Triebwerkkonzeption. (Soldat und Technik)

Kampfpanzer LEOPARD 1

Der LEOPARD 1 ist die erste deutsche Kampfpanzerentwicklung nach dem 2. Weltkrieg. Parallel zum französischen KPz AMX 30 entwickelt, konnten sich beide Länder nicht auf einen gemeinsam einzuführenden Kampfpanzer einigen. Die Serienfertigung des LEOPARD 1 begann im Jahre 1965; er wurde ein Exportschlager der deutschen Rüstungsindustrie: Heute ist er in neun NATO-Ländern und in Australien im Einsatz. Den LEOPARD 1 gibt es, abgesehen von der ursprünglichen Serienversion, in den weiteren fünf Ausführungen A1 bis A5, die sich zum Teil auch im Äußeren erheblich unterscheiden. Die Masse der LEOPARD 1 der deutschen Bundeswehr wird auf den Stand der A5-Version kampfwertgesteigert. Auf den vergleichbaren technischen Stand werden ebenfalls die bereits gelieferten LEOPARD 1 der Versionen A1 oder A3 in der Masse der NATO-Länder nachgerüstet. Die Ausführungen A2 bzw. A4 werden aus dem Truppengebrauch der deutschen Bundeswehr im Zuge der Abrüstung genommen und entweder als Fahrgestell eines neuen Rüstsatzträgers verwendet, oder auf einen moderneren Rüststand für die Auslieferung in bereits bestehende Exportländer gebracht. Neben den über 4.000 hergestellten KPz LEOPARD 1 wurden ca. 2.000 Familienfahrzeuge vom Bergepanzer bis zum Flugabwehrkanonenpanzer hergestellt.

Technische Daten LEOPARD 1

Verwendungszweck: Kampfpanzer; Herstellerland: Bundesrepublik Deutschland; Besatzung: 4; Gewicht (GefGew): A1: 41,5 t, A3: 42,4 t, A5: 42,5 t; Länge (Rohr 12 Uhr): 9,54 m; Breite: A1: 3,25 m, A3: 3,37 m, A5: 3,37 m; Höhe: A1: 2,62 m, A3: 2,62 m, A5: 2,74 m; Bodendruck: A1: 0,88 kg/cm^2, A3: 0,90 kg/cm^2, A5: 0,90 kg/cm^2; Fahrbereich (Straße): 560 km; Motortyp: Diesel; Motorleistung: 830 PS; Geschwindigkeit (Straße): 65 km/h; Bewaffnung: BK 105 mm, 1 MG 7,62 mm, 1 FlaMG 7,62 mm

Der LEOPARD 1 (GR) besitzt den Schweißturm der Ausführung A3; er ist jedoch u.a. mit einem stabilisierten, rechnergesteuerten Raumbild-Entfernungsmesser mit integriertem Laser ausgerüstet. (Wegmann)

Links oben: Noch im alten Rüststand der LEOPARD 1 A1 des italienischen Heeres. (Spielberger)

Oben und unten: Die überwiegende Masse der im deutschen Heer befindlichen KPz LEOPARD 1 wurden durch Nachrüstung der rechnergestützten Feuerleitanlage EMES 18 mit integriertem Wärmebildgerät und Laser-Entfernungsmesser auf den Rüststand A5 kampfwertgesteigert.
(von Luckwald/Erkennungsblätter)

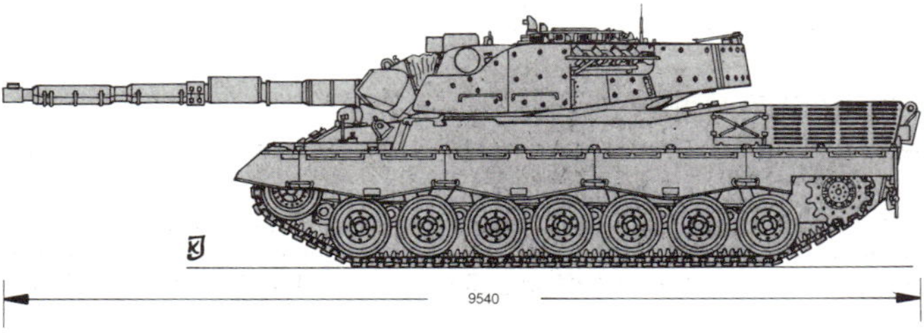

Kampfpanzer LEOPARD 2

Die neueste Ausführung des KPz LEOPARD 2 A5 (8. Los) für das deutsche Heer; vermutlich die letzte Version mit der ursprünglichen Turmform. Der A5 besitzt im Unterschied zu seinen Vorgängern u.a. versetzte Stützrollen (verdeckt von den Kettenschürzen), eine verbesserte Abstützung des Kommandanten-Rundblickperiskops, wirkungsvollere Schutzpakete im Turmbereich und geänderte vordere Kettenschürzen. Ferner wurden geteilte Ladebleche für den Turbolader im Triebwerk eingebaut. Das 8. Los erhielt zusätzlich gänzlich neukonstruierte Kettenschürzen mit durchgehender gerader Unterkante; außerdem wurden die formgeänderten Aufstiegbügel weiter nach hinten verlegt. (Krauss-Maffei-Werkfoto)

Nach Beendigung der deutsch-amerikanischen Experimentalentwicklung KAMPFPANZER 70, entschloß sich das Bundesministerium der Verteidigung einen neuen Kampfpanzer eigenständig zu entwickeln. Im Zeitraum 1972-1974 entstanden Fahrzeuge der 1. Prototypgeneration mit unterschiedlichen Wannen und Panzertürmen, die in der zweiten Generation (1976-1978) nochmals durch verbesserten ballistischen Schutz, die Verwendung primärstabilisierter Zielgeräte und passiver Nachtsichtoptiken und Änderung des Stauraumes für Munition, Betriebsstoff und hydraulischer Energieversorgung, leistungsgesteigert wurden. Im Oktober 1978 übernahm die Bundeswehr die ersten LEOPARD 2.
Alle Versionen des LEOPARD 2 im deutschen Heer — von der ursprünglichen Serienfertigung bis zum A3 — wurden mittlerweile auf die Version A4 (digitale Feuerleitanlage und Brandunterdrückungsanlage) kampfwertgesteigert. Die modernere Version des A5 erhielt versetzte Stützrollen, vorn geänderte Kettenabdeckungen, eine verbesserte Abstützung des Rundblickperiskops, geteilte Ladebleche im Turbolader und z.T. verbesserte Schutzpakete zur Erhöhung des ballistischen Schutzes. Das deutsche Heer ist mit 2.350, die niederländische Armee mit 445 und die schweizerische Armee (Pz87) mit 380 LEOPARD 2 ausgestattet. Ein größerer Teil der deutschen LEOPARD 2 sowie alle LEOPARD 2 der beiden Nachbarstaaten sollen in einem Kampfwertsteigerungsprogramm (erhöhter Panzerschutz im Turmbereich, Navigationsanlage, Wärmebildgerät mit integriertem Laser-Entfernungsmesser und elektrischer Radaranlage) ab 1994 nachgerüstet werden.

Technische Daten LEOPARD 2 A4/A5

Verwendungszweck: Kampfpanzer; Herstellerland: Bundesrepublik Deutschland; Besatzung: 4; Gewicht: 55,2 t (GefGew); Länge (Rohr 12 Uhr): 9,61 m; Breite: 3,70 m; Höhe: 2,79 m; Bodendruck: 0,83 kg/cm^2; Fahrbereich (Straße): 550 km; Motortyp: Mehrstoffmotor; Motorleistung: 1.500 PS; Geschwindigkeit (Straße): 72 km/h; Bewaffnung: BK 120 mm (Glattrohr), 1 MG 7,62 mm, 1 FlaMG 7,62 mm

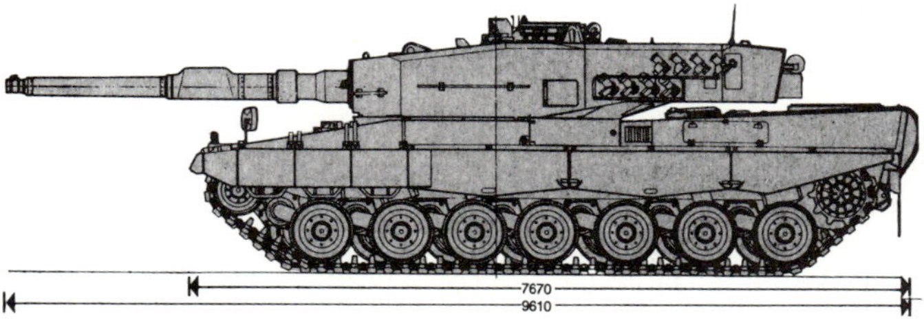

KPz LEOPARD 2 A1 (Erkennungsblätter)

Der LEOPARD 2 (CH), oder auch Pz 87 in der Schweiz benannt, entspricht dem Rüststand des A4, besitzt jedoch u.a. erweiterte Turmkorbverkleidungen, zusätzliche Halterungen für Schneegreifer, Köcher für heißgeschossene MG-Rohre an den Turmseiten und abweichende Sekundärbewaffnungen (7,5 mm-MG M51/71). (Krauss-Maffei)

Prototyp des LEOPARD 2 IP (Improved) mit erhöhtem ballistischen Schutz im Bereich des Turmdachs, der Turmfront und am Wannenbug. Außerdem ist dieses Fahrzeug mit einem vom Turm unabhängigen schwenkbaren Kommandanten-Rundblickperiskop mit integriertem Laser-Entfernungsmesser und Wärmebildgerät, sowie mit einer elektrischen Richtanlage und einem Hilfstriebwerk zur Erlangung eines ausgeglichenen Energiehaushaltes ausgerüstet.
(Soldat und Technik)

Kampfpanzer AMX-30

Im Vordergrund AMX-30 des französischen Heeres mit einer konventionellen 105 mm-Zugrohr-BK; teilweise sind diese Fahrzeuge auch mit einer 20 mm-BMK als Sekundärbewaffnung im Turm ausgerüstet.

Rechts oben: KPz AMX-30

Rechts, Mitte: Einer der 290 KPz AMX-30S der Armee Saudi Arabiens. Im Unterschied zur französischen Basisversion sind diese Fahrzeuge mit einem leistungsschwächeren 620-PS-Triebwerk ausgestattet, das für die Klimaverhältnisse der arabischen Halbinsel optimiert wurde. Als Tag-/Nachtoptik kommt ein CILAS/SOPELEM M409-Zielfernrohr zum Einsatz. (Jane's Defence Weekly)

Die ersten Prototypen des AMX-30 wurden 1961/1962 als französischer Teil des parallel mit Deutschland zu entwickelnden und nach gemeinsamer Entscheidung einzuführenden Standard-Kampfpanzer-Projekts vorgestellt. Nach dem Scheitern des gemeinsamen Vorhabens entwickelten beide Länder ihre Panzer im nationalen Alleingang, der in Deutschland zum KPz LEOPARD 1 und in Frankreich zur Einführung des AMX-30 im Herbst 1966 führte. Er löste in der französischen Armee die betagten amerikanischen M47 ab. Bis 1985 wurden insgesamt 1.900 AMX-30 hergestellt, wovon 1.102 im französischen Heer eingesetzt sind. Letztere gibt es in zwei Versionen, dem Basismodell AMX-30 und der kampfwertgesteigerten Version AMX-30 B2. Die übrigen AMX-30 wurden nach Griechenland, Spanien und in den nahen Osten exportiert.

Technische Daten AMX-30

Verwendungszweck: Kampfpanzer; Herstellerland: Frankreich; Besatzung: 4; Gewicht: 36,0 t; Länge (Rohr 12 Uhr): 9,48 m; Breite: 3,10 m; Höhe (Turmdach): 2,29 m; Bodendruck: 0.77 kg/cm^2; Fahrbereich (Straße): 600 km; Motortyp: Diesel; Motorleistung: 700 PS; Geschwindigkeit (Straße): 65 km/h; Bewaffnung: BK 105 mm, 1 MG 7,62 mm oder 1 MK 20 mm, 1 FlaMG 7,62 mm; Feuerleitanlage/Optiken: AMX-30: Mechan. Rechner im E-Messer, Mischbild-E-Messer, Zielfernrohr M 271, Zielfernrohr für MK 20 mm, Nachtzielfernrohr OB-17-A, IR-/Weißlicht-Zielscheinwerfer; AMX-30 B2: elektron. Feuerleitanlage COTAC, Laser-E-Messer, Richtschützenzielgerät APX M 550, Zielfernrohr für MK 20 mm, Bildverstärker-Beobachtungs-Zielgerät DI VT 13 A (TVBNL)

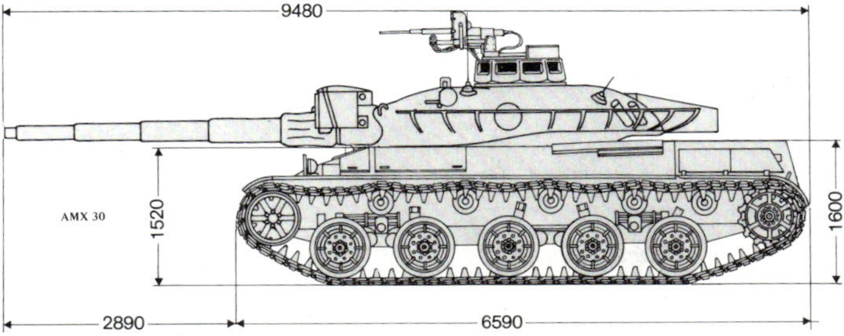

Die Version AMX-30 B2 ist mit einer rechnergestützten Feuerleitanlage (jedoch noch immer ohne Waffenstabilisierung), einem Laser-Entfernungsmesser und einem neuen Getriebe ausgerüstet. Die Ausstattung mit Wärmebildgeräten erfolgte nur teilweise. (Jane's Armour and Artillery)

Kampfpanzer LECLERC

Der neue französische KPz LECLERC besitzt einen flachen 2-Mann-Turm. Der Ausblickkopf des Hauptzielgerätes befindet sich an der rechten Blendenseite, das Kommandanten-Rundblickperiskop auf der linken Seite des Turmdachs. Es ist unabhängig vom Turm um 360 schwenkbar. Die 120 mm-Glattrohr-BK verfügt nicht über einen Rauchabsauger; sie verschießt flügel-stabilisierte Geschosse bis zu einer Anfangsgeschwindigkeit von 1.750 m/s. Der Ladeautomat hat unmittelbaren Zugriff auf 22 Patronen.

Bereits im Jahre 1977 begannen die ersten Entwicklungsarbeiten für einen neuen französischen Kampfpanzer, der in den 90er Jahren den AMX-30 ablösen soll. Das neue Fahrzeug soll technisch die durch den LEOPARD 2, M1 ABRAMS und CHALLENGER repräsentierte Generation überspringen. Der nunmehr seit Ende 1991 in Auslieferung an die französische Armee befindliche KPz LECLERC weist folgende Merkmale auf: Flachturm mit 120 mm-Glattrohr-Kanone, Ladeautomatik sowie in der Wanne ein modernes Kompakt-Triebwerk. Von ursprünglich 1.400 geplanten Fahrzeugen werden vermutlich aus Gründen der Verkleinerung des Heeres und des verfügbaren Haushalts nur noch ca. 1.000 Exemplare zur Auslieferung gelangen. Bei einem Stückpreis von voraussichtlich 9,3 Mio DM ist der LECLERC z. Zt. der modernste Kampfpanzer der Welt. Durch den Ladeautomaten, der den Wegfall des Ladeschützen bedingt, und durch das raumsparende, leistungsstarke Triebwerk ist der LECLERC wesentlich kompakter als andere vergleichbare NATO-Kampfpanzer.

Technische Daten LECLERC

Verwendungszweck: Kampfpanzer; Herstellerland: Frankreich; Besatzung: 3; Gewicht: 54,5 t (GefGew); Länge (Rohr 12 Uhr): 9,87 m; Breite: 3,71 m; Höhe (Turmdach): 2,46 m; Bodendruck: 0,90 kg/cm^2; Fahrbereich (Straße): 550 km; Motortyp: Diesel; Motorleistung: 1.500 PS; Geschwindigkeit (Straße): 71 km/h; Bewaffnung: BK 120 mm (Glattrohr), 1 MG 12,7 mm; 1 FlaMG 7,62 mm

Der zukunftsorienterte KPz LECLERC ist zur Zeit vermutlich der modernste Kampfpanzer der Welt; in Teilbereichen ist er dem LEOPARD 2 A4 oder dem M1 A1 überlegen. Er verfügt über ein modernes rechnergestütztes Feuerleitsystem, eine elektrische Richtanlage, ein Wärmebildgerät, ein unabhängig stabilisiertes Periskop für den Kommandanten und eine Fahrzeugnavigationsanlage. Weitere Konstruktionsmerkmale, wie die Spezialpanzerung, die Explosionsunterdrückungsanlage und ein integrierter Hilfsmotor als Energiequelle verleihen ihm hohes Stehvermögen. (Armada International)

Gut erkennbar das scheitellafettierte, von innen bedienbare FlaMG, der kastenförmige Laser-Entfernungsmesser oberhalb der BK, die geöffneten Klappen am Ausblickkopf des Hauptzielgerätes und das hoch aufragende, große Rundblickperiskop des Kommandanten. Der LECLERC ist durch Anbau eines Schnorchels unterwasserfahrfähig. (Armada International)

Kampfpanzer CHIEFTAIN

Der britische KPz CHIEFTAIN ist ab der Ausführung Mark 9 mit einer rechnergestützten Feuerleitanlage und einem Laser-Entfernungsmesser ausgerüstet. Die Ausführungen Mk 10-13 sind Nachrüstungen älterer Versionen. Seine 120 mm-Zugrohr-BK ist mit einer Wärmeschutzhülle und an der Rohrmündung mit einem Justierspiegel für die eingebaute Feldjustieranlage ausgestattet. (RAC Photograph No. 29677/F)

Für die Ablösung der veralteten Kampfpanzer CENTURION und CONQUERER gab es bereits zu Beginn der 50er Jahre Planungen, die jedoch nicht über das Entwurfstadium hinauskamen. Erst 1957 trat die Entwicklung für ein Nachfolgemuster für beide Fahrzeuge in eine konkrete Phase, welche später zu einer Neukonstruktion führte. Im Zeitraum von 1959-1962 fanden für die Prototypen technische Erprobungen und Truppenversuche statt. In die Versuchs- und Entwicklungsarbeiten flossen Erfahrungen aus dem Korea-Krieg ein: Hierzu galt es, überlegene Feuerkraft durch die gezogene 120 mm-Bordkanone zu erlangen und gleichzeitig ausreichenden Panzerschutz gegenüber feindlichen Panzerkanonen und Splittern der Artilleriemunition zu gewährleisten. Durch Mängel im Wannenbereich lief die ursprünglich für 1965 geplante Serienfertigung erst 1967 an. Durch Nachrüstungen bzw. Einbringen technischer Verbesserungen in die Serienfertigung entstanden eine größere Anzahl verschiedener Versionen des CHIEFTAIN. Alle 821 CHIEFTAIN der britischen Armee wurden auf die Rüststände Mk 9-12 vornehmlich durch den Einbau einer digital-rechnergestützten Feuerleitanlage kampfwertgesteigert. Zur Leistungssteigerung erhalten z.Zt. alle CHIEFTAIN der Rheinarmee die Stillbrew-Turmzusatzpanzerung und das Wärmebildgerät TOGS. Abgewandelte 187 CHIEFTAIN mit der Baumusterbezeichnung FV 4030/1 wurden an den Iran und weitere 125 FV 4030/2 (KHALID) an Jordanien geliefert.

Technische Daten CHIEFTAIN Mk 9-12

Verwendungszweck: Kampfpanzer; Herstellerland: Großbritannien; Besatzung: 4; Gewicht: 54,8 t (GefGew); Länge (Rohr 12 Uhr): 10,79 m; Breite: 3,50 m; Höhe: 2,90 m; Bodendruck: 0,90 kg/cm^2; Fahrbereich (Straße): 400 km; Motortyp: Diesel; Motorleistung: 720 PS; Geschwindigkeit (Straße): 44 km/h; Bewaffnung: BK 120 mm (gezogen), 1 MG 7,62 mm, 1 FlaMG 7,62 mm

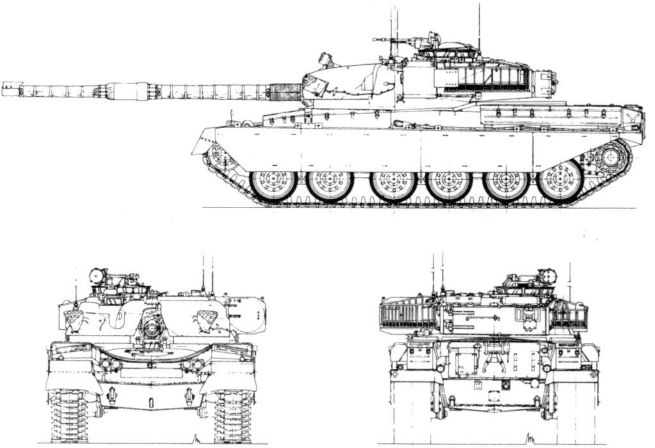

KPz CHIEFTAIN Mk 11/2 (Tanks of the world)

CHIEFTAIN mit Stillbrew-Zusatzpanzerung an der Turmvorderseite und der oberen Bugplatte; es fehlen die Kettenschürzen. Von besonderem Interesse das Schwallbrett auf der Bugplatte, die blockartig zusammengefaßten Nebelwurfbecher und die kastenförmigen Anbauten am Turm und auf den Kettenabdeckungen. (RAC Potograph No. 27989/F)

Kampfpanzer CHALLENGER 1/2

Eine evolutionäre Weiterentwicklung des CHIEFTAIN ist der britische KPz CHALLENGER 1. Auch er ist wie sein Vorgänger mit einer 120 mm-Zugrohr-BK ausgestattet, verfügt jedoch über eine moderne Spezialpanzerung (Chobham) und ein leistungsstärkeres Triebwerk. (RAC Potograph No. 28112/F)

Rechts oben: KPz CHALLENGER 1 (Erkennungsblätter)

Rechts, Mitte: KPz CHALLENGER 1 während eines Manövers. Auffällig der großflächige Turm und die verstaute Ausstattung beiderseits der BK. Der CHALLENGER ist der z.Zt. schwerste Kampfpanzer im Truppeneinsatz. Neben einer digitalrechnergestützten Feuerleitanlage und einem Laser-Entfernungsmesser ist er mit dem Wärmebildgerät TOGS an der rechten Turmseite ausgerüstet. Vorn in der Wannenmitte der Fahrer, hier mit geöffneter Luke.

Die Entwicklungsarbeiten für einen neuen Kampfpanzer als Nachfolger des CHIEFTAIN begannen Ende der 60er Jahre. Nach dem Scheitern des deutsch-britischen Gemeinschaftsprojektes im Jahre 1977 wurden Prototypen eines verbesserten CHIEFTAIN (FV 4030/3) entwickelt, die die neuartige britische Chobham-Panzerung verwendeten. Wegen der Stornierung der Lieferverträge durch die iranische Revolutionsregierung im Jahre 1979, gelangten diese als SHIR 2 bezeichneten Fahrzeuge nicht in die Serienfertigung. Eine Fortentwicklung dieses Typs mit der Bezeichnung FV 4030/4, erhielt als neuer Kampfpanzer in der britischen Armee den Namen CHALLENGER. Das erste Serienfahrzeug wurde im März 1983 ausgeliefert. Der CHALLENGER 1, nunmehr so benannt, weil ein in wesentlichen Baugruppen verbesserter CHALLENGER 2 in Entwicklung ist, befindet sich nur in der britischen Armee in einer Stückzahl von 367 Fahrzeugen im Einsatz. Im Unterschied zum KPz LEOPARD 2 oder zum KPz M1 ist der CHALLENGER 1 mit einer 120 mm-Bordkanone mit gezogenem Rohr ausgestattet, deren Munition nicht kombatibel zur 120 mm-Glattrohr-BK von Rheinmetall ist.

Technische Daten CHALLENGER 1

Verwendungszweck: Kampfpanzer; Herstellerland: Großbritannien; Besatzung: 4; Gewicht: 62 t (GefGew); Länge (Rohr 12 Uhr): 11,56 m; Breite: 3,52 m; Höhe: 2,95 m; Bodendruck: 0,97 kg/cm^2; Fahrbereich (Straße): 330 km; Motortyp: Dieselmotor; Motorleistung: 1.200 PS; Geschwindigkeit (Straße): 56 km/h; Bewaffnung: BK 120 mm (gezogen), 1 MG 7,62 mm, 1 FlaMG 7,62 mm

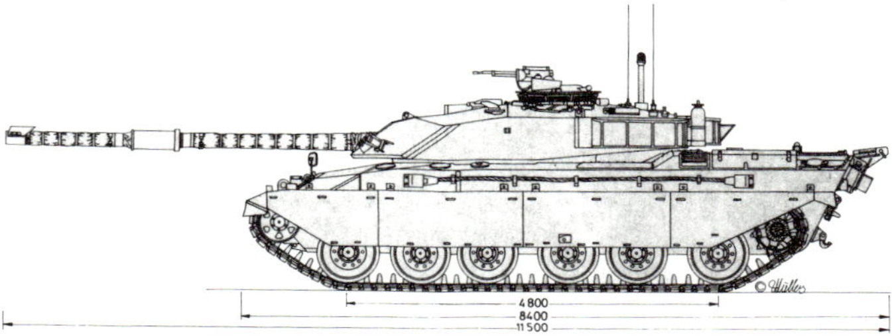

Prototyp des KPz CHALLENGER 2, dessen Einführung zum Jahreswechsel 1991/1992 durch die britische Regierung beschlossen wurde. Da auch er nur in geringer Stückzahl beschafft werden soll, ist ein hoher Systempreis zu erwarten. Erstmals erhält der Kommandant eine unabhängig vom Turm schwenkbare Beobachtungs- und Zieloptik. Das Kommandanten-Rundblickperiskop französischer Bauart ist identisch mit dem des KPz LECLERC, ein Laser-Entfernungsmesser ist integriert. Das Wärmebildgerät befindet sich rittlings auf der Blende der neuen 120 mm-Zugrohr-BK RO XL30 E3. (Armada International)

Kampfpanzer T-54

Dem Titel des Buches wird der T-54 nur zum Teil gerecht — er ist immer noch weltweit im Einsatz. Mittlerweile gänzlich veraltet, hatte er jedoch auf die Entwicklung im Panzerbau nach dem 2. Weltkrieg entscheidenden Einfluß. Besonderes Merkmal sind seine flache Wanne und der kugelförmig, oben abgeflachte Turm ohne Heckauslage. Die mit einer Infrarotausrüstung nachgerüsteten Fahrzeuge (IR-Scheinwerfer rechts neben der BK) erhielten die Bezeichnung T54 B. Zur Unterwasserfahrt wird ein Schnorchel zum Ansaugen der Verbrennungsluft aufgesetzt. Ein faßförmiger Kraftstoffzusatzbehälter kann am Heck montiert und bei Eintreten in das Gefecht abgeworfen werden. (Erkennungsblätter)

Der Ende der 40er Jahre in die Sowjetarmee eingeführte Kpz T-54 ist eine evolutionäre Weiterentwicklung des legendären T-34 und seines unmittelbaren Nachfolgers T-44. In seiner Serienfertigung, die 1947 begann, erhielt der T-54 einen günstig geformten, nach allen Seiten abgerundeten Turm. Zum Zeitpunkt seiner Einführung war der T-54 eine fortschrittliche Konstruktion, die die entscheidenden Faktoren Feuerkraft, Beweglichkeit und Panzerschutz ausgewogen vereinte. Anfang der 50er Jahre erhielten die T-54 eine Waffenstabilisierungsanlage nach Höhe, die zwar kein Schießen aus der Fahrt erlaubte, aber immerhin das Zielauffassen während der Fahrt erleichterte; die Stabilisierung nach der Seite wurde in den 60er Jahren nachgerüstet. Die mit einem auffälligen Rauchabsauger an der Rohrmündung versehenen Fahrzeuge erhielten die Bezeichnung T-54 A. Ab 1958 wurden alle Fahrzeuge mit einem Infrarot-Zielscheinwerfer rechts der Kanone ausgerüstet; der dazugehörige Ausblickkopf des IR-Zielfernrohres befindet sich vor der Kommandantenkuppel auf der linken Seite des Turmdachs. Gleichzeitig wurden neu produzierte T-54 unterwasserfahrfähig ausgeliefert. Der T-54 besitzt weder einen Entfernungsmesser noch eine kollektive ABC-Schutzbelüftungsanlage. Er ist technisch überholt, befindet sich aber noch weltweit im Einsatz.

Technische Daten T-54

Verwendungszweck: Kampfpanzer; Herstellerland: Sowjetunion (GUS); Besatzung: 4; Gewicht: 35,4 t; Länge (Rohr 12 Uhr): 9.02 m; Breite: 3,28 m; Höhe: 2,40 m (ohne FlaMG); Bodendruck: ?; Fahrbereich (Straße): 400 km; Motortyp: Diesel; Motorleistung: 520 PS; Geschwindigkeit (Straße): 50 km/h; Bewaffnung: BK 100 mm, 1 MG 7,62 mm, 1 FlaMG 12,7 mm

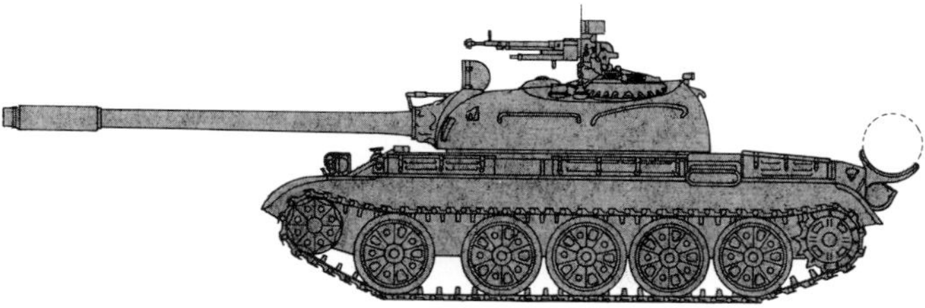

KPz T-54 B (Erkennungsblätter)

T-54 noch ohne Mündungsbremse, jedoch mit Gegengewicht an der Rohrmündung. Alle Versionen verfügen nicht über einen Entfernungsmesser. Der Richtschütze muß die Entfernung schätzen oder behelfsmäßig ermitteln. Teilweise verdeckt vom IR-Scheinwerfer, die pilzförmige Lüfterkuppel vor der Kommandantenluke.

Kampfpanzer T-55

T-55 der tschechoslowakischen Armee beim Waten durch ein Gewässer. Diese Fahrzeuge befinden sich noch in großen Stückzahlen bei den Armeen der ehemaligen Warschauer-Pakt-Staaten, wenngleich viele davon auf den Rüststand AM modernisiert wurden. (Soldat und Technik)

Eine Weiterentwicklung des T-54 ist der seit 1959 produzierte T-55. Äußerlich ist der T-55 im Unterschied zum T-54 durch die fehlende pilzförmige Lüfterkuppel, die zunächst plan zum Turmdach abschließende Ladeschützenluke und das fehlende FlaMG zu unterscheiden. Neu war die Verwendung einer ABC-Schutzbelüftungsanlage, die durch einen Gammastrahlensensor automatisch ausgelöst wird, einer optimierten Abdichteinrichtung für das Unterwasserfahren, eines leistungsgesteigerten Triebwerks und eines verbesserten Anlassersystems. Ferner wurde durch den Einbau eines kombinierten (!) Munitions- und Betriebsstoffbehälters der Munitionsvorrat von 34 auf 40 — später auf 43 — gesteigert. Kurze Zeit nach der Einführung wurde eine behelfsmäßige Ladeschützenkuppel aufgesetzt. Später serienmäßig mit einer Ladeschützenkuppel und einer vergrößerten Kommandantenkuppel ausgerüstete Fahrzeuge erhielten die Bezeichnung T-55 B. Das FlaMG wurde Ende der 60er Jahre wieder nachgerüstet. Für die 100 mm-Bordkanone des T-54/T-55 wurde 1968 ein leistungsfähiges Wuchtgeschoß aus Wolframkarbid (BR-6) eingeführt. Ende der 70er Jahre erhielten ein Großteil der T-55 in den Warschauer-Pakt-Staaten einen Laser-Entfernungsmesser, der in einem rechteckigen Kasten auf der Kanonenblende montiert wurde. Ab 1983 wurde der T-55 mit einer Innenwandbeschichtung zur Erhöhung des Strahlenschutzes ausgekleidet. Schließlich erfolgte ab 1988 die Nachrüstung einer Turmzusatzpanzerung im Frontbereich des Turmes (T-55 AM).

Technische Daten T-55

Verwendungszweck: Kampfpanzer; Herstellerland: Sowjetunion (GUS), Polen, CSFR; Besatzung: 4; Gewicht: 36,0 t; Länge (Rohr 12 Uhr): 9.02 m; Breite: 3,28 m; Höhe: 2,40 m (ohne FlaMG); Bodendruck: 0,81 kg/cm^2; Fahrbereich (Straße): 500 km; Motortyp: Diesel; Motorleistung: 580 PS; Geschwindigkeit (Straße): 50 km/h; Bewaffnung: BK 100 mm, 1 MG 7,62 mm, 1 FlaMG 12,7 mm

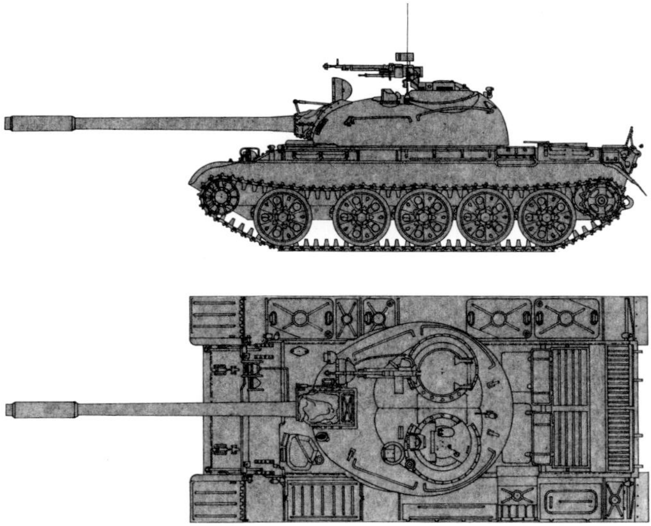

KPz T-55 (Erkennungsblätter)

KPz T-55 AM der ehemaligen Nationalen Volksarmee Ostdeutschlands während des Technischen Dienstes. Sie wurden, wie in anderen Ländern des ehemaligen Warschauer Paktes, mit dem tschechischen Feuerleitsystem Klavido, einem Laser-Entfernungsmesser über der BK, einem Querwindsensor, einem Laser-Warngerät, Rohrwärmeschutzhüllen, einer adaptierten Turmzusatzpanzerung und aufgedickter Bugpanzerung kampfwertgesteigert. Bei polnischen T-55 wurde der Laser-Entfernungsmesser in das Hauptzielgerät integriert. (Truppenzeitschrift Heer)

Kampfpanzer T-62

Der KPz T-62 verwendete erstmals die Glattrohr-Technologie im Kampfpanzerbau. Die 115 mm-Glattrohr-BK verschießt Pfeilgeschosse mit einer Mündungsgeschwindigkeit von ca. 1.615 m/s. Zunächst besaß der KPz T-62 kein FlaMG; es kam jedoch wieder in der Ausführung T-62 A zum Einsatz. (Erkennungsblätter)

Als rasche Antwort auf die vergleichsweise stark gepanzerten und waffentechnisch überlegenen westlichen Kampfpanzer M48 und CENTURION lief ab 1961 der T-62 der Sowjetarmee zu. Äußeres Unterscheidungsmerkmal zum T-54/T-55 ist die lange Kanone mit Rauchabsauger vor der Rohrmitte. Da die Weiterentwicklung der bisherigen Zugrohrkanonen technisch sehr anspruchsvoll war, nutzte man als naheliegende Möglichkeit die umkonstruierte, bewährte 115 mm-Glattrohr-Pak, die Pfeilgeschosse mit 1.615 m/sek Mündungsgeschwindigkeit auf wirksamen Kampfentfernungen weit über 1.000 m verschoß. Zur Integration der nunmehr U-5T benannten Panzerkanone wurde das verlängerte Fahrgestell des T-55 und ein abgewandelter, im Frontbereich stark gepanzerter Turm genutzt. Ferner wurde eine elektromechanische Hülsenauswurfeinrichtung mit Dachluke am Turmheck verwendet. Fahrzeuge, die mit einem Drehring auf der Ladeschützenluke und einem dazugehörigen FlaMG ausgestattet wurden, erhielten die Bezeichnung T-62 A. Schon bald nach der Einführung des T-62 wurde — nicht zuletzt durch die Nahostkonflikte — klar, daß dieses Fahrzeug trotz der leistungsfähigen Kanone gegenüber den neuen westlichen Kampfpanzern technisch unterlegen war; folgerichtig leitete für die Sowjets der T-62 nur einen Halbgenerationswechsel ein.

Technische Daten T-62 A

Verwendungszweck: Kampfpanzer; Herstellerland: Sowjetunion (GUS); Besatzung: 4; Gewicht: 38,0 t; Länge (Rohr 12 Uhr): 9,40 m; Breite: 3,37 m; Höhe: 2,28 m (ohne FlaMG); Bodendruck: 0,79 kg/cm^2; Fahrbereich (Straße): 450 km; Motortyp: Diesel; Motorleistung: 580 PS; Geschwindigkeit (Straße): 50 km/h; Bewaffnung: BK 115 mm (Glattrohr), 1 MG 7,62 mm, 1 FlaMG 12,7 mm

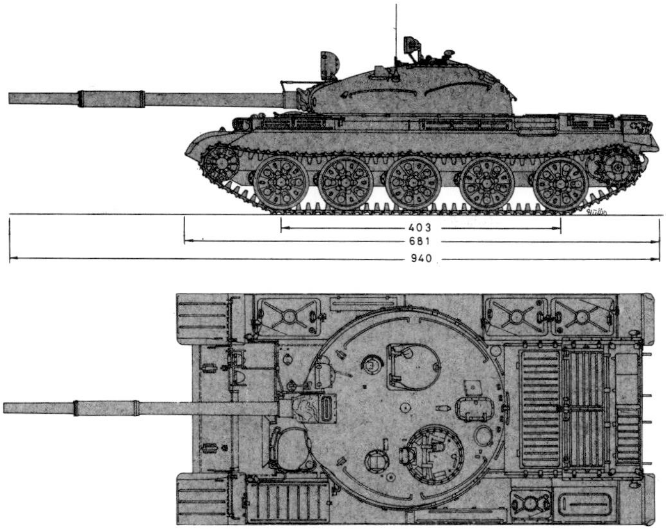

KPz T-62 (Erkennungsblätter)

KPz T-62 A mit 12,7 mm-FlaMG an der Ladeschützenluke: Die Scheinwerfer am Turm wurden mit Schutzblechen versehen, am Turmheck waagerecht verstaut — der Schnorchel für die Unterwasserfahrt, am Wannenheck abwerfbare Kraftstoff-Zusatzbehälter. Der Fahrer sitzt vorn links in der Wanne, sein Fahrerstand ist noch in veralteter Bedientechnik mit Kupplungspedal und Lenkhebeln ausgerüstet.

Kampfpanzer T-64

Im Unterschied zu den ersten T-64-Panzern, die noch mit einem optischen Entfernungsmesser und mit der 115 mm-Glattrohrkanone des T-62 ausgestattet waren, erhielt der T-64 A einen Laser-Entfernungsmesser und eine neue 125 mm-Glattrohrkanone, die zweiteilige Munition mit einer Mündungsgeschwindigkeit von bis zu ca. 1600 m/s verschießen kann. Die Munition wird durch einen Ladeautomaten aus einem rotierenden, ringförmigen Magazin unter dem Turmboden — Geschoß und Treibladung hintereinander — dem Bodenstück der Kanone zugeführt und geladen. Ferner verfügt der T-64 A über eine rechnergestützte Feuerleitanlage. Statt eines Räderlaufwerkes kommen nun erstmals hydropneumatisch gefederte Laufrollen mit Gleitkolbenstoßdämpfern zum Einsatz. Der sehr kompakte Turm ist außen mit einigen Staukästen ausgerüstet.

Um technologisch mit dem Westen Schritt halten zu können, wurden zwei weitgehend unabhängig voneinander arbeitende Entwicklungskollektive beauftragt, einen neuen Kampfpanzer zu entwickeln. Aus diesem Grunde liefen der Sowjetarmee in kurzer Folge zwei unterschiedliche Kampfpanzer — der T-64 und der T-72 — zu. Der T-64, vom Westen höher eingeschätzt als der T-72, und nur bei den Armeen innerhalb der GUS im Einsatz, war zunächst noch mit der 115 mm-Glattrohrkanone des T-62 ausgerüstet. Er ist mit einem — vergleichsweise zum Räderlaufwerk — leistungsfähigeren Rollenlaufwerk und zur Einhaltung der 40 t-Grenze — bei ähnlichen Abmessungen — mit einem automatischen Lader anstelle des Ladeschützen ausgerüstet. Der kurze Zeit später hergestellte T-64 A erhielt eine 125 mm-Glattrohrkanone, die zweiteilige, durch den Lader zugeführte Munition verschießt. Erstmals kommt ein optischer Basisentfernungsmesser zum Einsatz. Die Tageszieloptik liegt unterhalb des linken E-Messer-Ausblicks; der Aufsatzwert der Zielmarke wird durch einen Feuerleitrechner ermittelt. Der Ausblickkopf der auf Infrarot-Basis arbeitenden Nachtzieloptik befindet sich hinter dem Tagesausblick. Alle T-64 A wurden in den letzten Jahren durch eine Nebelwurfanlage — sechs Becher an jeder Seite — nachgerüstet. Anfang der 80er Jahre kam eine leistungsgesteigerte Version des T-64, der T-64 B zur Auslieferung. Auffälliges Unterscheidungsmerkmal ist das Fehlen des rechten E-Meß-Ausblickkopfes. Anstelle eines optischen Entfernungsmessers gelangt ein Laser-Entfernungsmesser zum Einsatz. Der Ausblickkopf der Hauptoptik ist um das Doppelte der bisherigen Größe verbreitert; ein zur Seite beweglicher Spiegelkopf oder die Integration einer auf Restlicht-Basis arbeitenden passiven Nachtzieloptik sind denkbar. Außer konventioneller Kanonenmunition verschießt der T-64 B auch einen funkgesteuerten Lenkflugkörper (AT-8, NATO-Bezeichnung: Songster) mit einer Reichweite von 3.000 - 4.000 m. Auf dem Turmdach und im vorderen Wannenbereich wurde später ein zusätzlicher Schutzbelag angebracht. Eine große Zahl von Fahrzeugen wurde auch mit einer Reaktiv-Zusatzpanzerung versehen.

Technische Daten T-64

Verwendungszweck: Kampfpanzer; Herstellerland: Sowjetunion (GUS); Besatzung: 3; Gewicht: 38 t; Länge (Rohr 12 Uhr): 9.02 m; Breite: 3,38 m; Höhe: 2,26 m (ohne FlaMG); Bodendruck: 0,83 kg/cm^2; Fahrbereich (Straße): 450 km; Motortyp: Diesel; Motorleistung: 700 PS; Geschwindigkeit (Straße): 70 km/h; Bewaffnung: BK 125 mm (Glattrohr), T-64 B mit Lenkflugkörper AT-8, 1 MG 7,62 mm, 1 FlaMG 12,7 mm; Feuerleitanlage/Optiken: T-64 A: Optischer E-Messer; T-64 B: Laser-E-Messer, Feuerleitrechner, T64 A: IR-Nachtzieloptik, T-64 B: Restlicht-Nachtzieloptik (?)

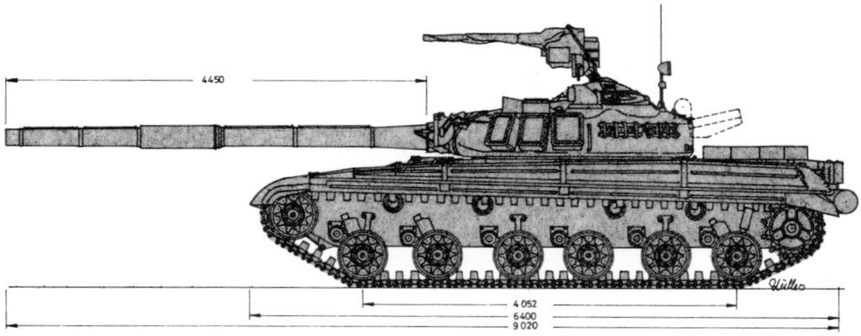

KPz T-64 A (Erkennungsblätter)

KPz T-64 B mit Reaktiv-Zusatzpanzerung. Dieses kosten- und gewichtsgünstige Verfahren macht den Panzer weitgehend sicher gegen Hohlladungsgeschosse. Die außen angebrachten Schutzpakete explodieren bei Auftreffen des gegnerischen Geschosses und heben durch ihren Explosionsdruck und die Splitterpartikel die Wirkung des Druck- und Hitzestrahls des Hohlladungsgeschosses nahezu auf. Die Reaktivpanzerung wurde erstmals durch die Israelis eingeführt, sie wird heute auch bei US-Panzern, die nicht mit einer Spezialpanzerung ausgerüstet sind, verwendet.

Kampfpanzer T-72

KPz T-72 M1 mit aufgesetztem Schnorchel für die Unterwasserfahrt. Durch den Schnorchel auf dem Turm wird die erforderliche Motor-Verbrennungsluft durch den Kampfraum in den Triebwerkraum angesogen. Alle sonstigen Luken und Öffnungen sind zuvor zu verschließen, die Abgase werden durch Flatterventile an das umgebende Wasser abgegeben. Gut erkennbar der flache kompakte Turm mit den Ausblicköffnungen für die Optiken auf der linken Seite des Turmdachs.

Das andere Entwicklungskollektiv stellte Ende der 60er Jahre den T-72 vor. Trotz gewisser Ähnlichkeit zum T-64 weist der ca. drei Tonnen schwerere T-72 einige markante Unterscheidungsmerkmale auf: Größere Fahrzeuglänge, abweichende Anordnung des Laufwerks, längsovaler Turm, senkrechtes Turmheck mit Hülsenauswurfvorrichtung. Bewaffnung und optische Einrichtungen entsprechen denen des T-64, werden aber im Zusammenwirken als weniger leistungsfähig erachtet. Wie der T-64 A ist der T-72 zunächst mit einem optischen Entfernungsmesser mit zwei Ausblicken ausgerüstet. Der automatische Lader kann jedoch Geschoß und Treibladung nur hintereinander in zwei Arbeitsgängen in das Patronenlager einführen. Nach Brechen des Schusses wird der Treibladungsboden durch eine Dachluke am Turmheck ausgeworfen. Der V-12-Mehrstoffmotor ist flüssigkeitsgekühlt und wird durch ein mechanisches Ladegebläse abgasaufgeladen. Das vollsynchronisierte Getriebe ist mit dem des T-64 baugleich und besitzt sieben Vorwärts- und ein Rückwärtsgang. In den Armeen der GUS gibt es eine größere Anzahl von Fahrzeugen, deren Panzerung im Turmfrontbereich durch die Verwendung eines Mehrschichtschutzes aufgedickt ist. Seit 1980 lief der Sowjetarmee und anderen Armeen die stark modifizierte Version T-72 M zu. Diese besitzen anstelle des optischen Entfernungsmessers ein Laser-Entfernungsmesser in der links am Turmdach befindlichen Hauptoptik. Ein Jahr später trat eine neue T-72-Version in der Sowjetarmee mit nach vorn ausladender — noch dickerer — Turmfrontpanzerung und stärker gepanzertem Wannenbug (drei anstatt vier Querrippen) auf; sie erhielt die Bezeichnung T-72 M1. Ferner wurden alle Versionen des T-72 mit einer asymetrischen Nebelwurfanlage (links sieben, rechts fünf Becher) sowie Kettenschürzen — teilweise auch mit Schutzbelag auf dem Turmdach — nachgerüstet. Nochmals augedickte Turmfrontpanzerung, die Fähigkeit den Lenkflugkörper AT-8 zu verschießen sowie die Anordnung aller acht Nebelwurfbecher in einer Gruppierung an der linken Turmseite kennzeichnen den T-72 M2. Auf den Rüststand des T-72 M nachträglich kampfwertgesteigerte Fahrzeuge erhielten die Bezeichnung T-72 A.

Technische Daten T-72 und T-72 M1/M2

Verwendungszweck: Kampfpanzer; **Herstellerland:** Sowjetunion/GUS, CSFR; **Besatzung:** 3; **Gewicht:** T-72: 41,0 t, T-72 M1/M2: 43,0 t; **Länge (Rohr 12 Uhr):** 9,53 m; **Breite:** 3,46 m; **Höhe:** 2,27 m (ohne FlaMG); **Bodendruck:** 0,90 kg/cm^2; **Fahrbereich (Straße):** 480 km; **Motortyp:** Mehrstoffmotor; **Motorleistung:** 840 PS; **Geschwindigkeit:** 60 km/h; **Bewaffnung:** BK 125 mm (Glattrohr), 1 MG 7,62 mm, 1 FlaMG 12,7 mm; **Feuerleitanlage/Optiken:** T-72: optische E-Messer, T-72 M1/M2: Laser-E-Messer

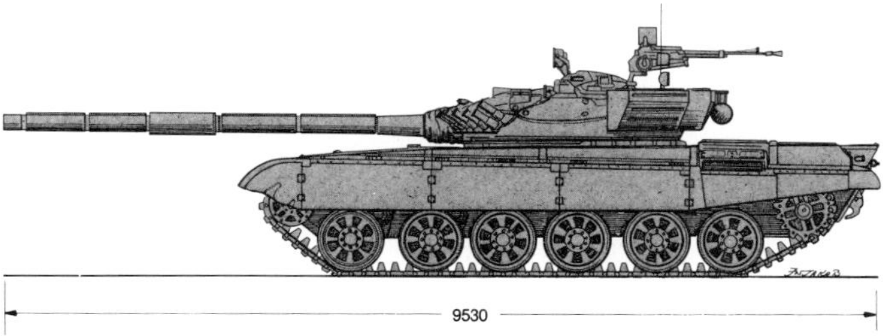

KPz T-72 M1 (Erkennungsblätter)

KPz T-72 M2 mit nochmals aufgedickter Turmpanzerung, Vorbereitungen zur Anbringung einer Reaktiv-Zusatzpanzerung, Schutzbelag auf dem Turmdach und mit der Anordnung aller acht Nebelwurfbecher an der linken Turmseite. (Soldat und Technik)

Kampfpanzer T-80

KPZ T-80 der ehemaligen Sowjetarmee auf einem Truppenübungsplatz in Ostdeutschland. Gut erkennbar, die paarweise angeordneten Laufrollen, die Kraftstoff-Zusatzbehälter am Heck für die verbrauchsträchtige Gasturbine, die Nebelwurfbecher an beiden Turmseiten, der am Turmheck verstaute breite Schnorchel, der runde, verschlossene Ausblickkopf des Kommandanten rechts unterhalb des FlaMG und der große Ausblickkopf der Richtschützenoptik auf der linken, vorderen Turmdachseite. Im Bedarfsfall stehen für den Kommandanten (hier aufgebaut) und den Fahrer jeweils ein Schlechtwetterschutzaufsatz zur Verfügung. (Soldat und Technik)

Die sowjetischen Truppen in Deutschland ersetzten ab 1984 die T-62, die bis zum damaligen Zeitpunkt nicht durch T-64 A abgelöst worden waren, durch den neuen Kampfpanzer T-80. Der T-80 sieht dem T-64 ähnlich, unterscheidet sich jedoch im Äußeren durch die größeren, paarweise zusammenstehenden Laufrollen, die moderne Endverbindergleiskette mit Gummipolstern und die breite Abgasgräting der als Antriebssystem verwendeten Gasturbine. Der T-80 besitzt ein lastschaltbares Automatikgetriebe, eine Mehrschichtsonderpanzerung für den gesamten Turm und am Wannenbug sowie einen großen Optikausblickkopf im linken, vorderen Teil des Turmdachs. Die weitere Nutzung des IR-Zielscheinwerfers läßt vermuten, daß leistungsfähige, passive Nachtsichtoptiken auf Restlichtverstärker- bzw. Wärmebildprinzip noch nicht zum Einsatz gelangten. Die 125 mm-Glattrohrkanone aus der auch funkgelenkte Lenkflugkörper verschossen werden können, wurde beibehalten. Ab 1989 läuft der Sowjetarmee eine verbesserte Version des T-80 — T-80 U benannt — zu. Sie unterscheidet sich von ihrer Vorgängerversion durch die Anbringung von Zusatzpanzerung an den vorderen Kettenblenden und durch den neuartigen Turm, der im Dach und Frontbereich Zusatzpanzerungsmodule, teilweise mit daran angebrachten flexiblen Schürzen, besitzt. Der Kommandant besitzt nun ein großes quadratisches Beobachtungsgerät, der Richtschütze ein neues Nachtsichtgerät. Entfallen ist der Lenkantennenkasten für den funkgesteuerten Lenkflugkörper vor der Kommandantenluke sowie der IR-Zielscheinwerfer. Beiderseits der Bordkanone befinden sich je vier Nebelwurfbecher auf der Zusatzpanzerung. An den Turmseiten und am Heck befinden sich Stau- und Munitionskästen sowie ein neuer Schnorchel mit Anschlußkrümmer für das Unterwasserfahren. Auf der oberen Bugplatte wurden Zusatzpanzerungsmodule in einer rahmenförmigen Halterung angebracht. Das neue Abgasgräting für den neuen Zweitakt-Diesel-Gegenkolbenmotor Typ 6 TD ragt nun leicht keilförmig aus dem Heck hervor und besitzt auffällige Längsschlitze. Die 125 mm-Bordkanone mit Ladeautomatik dient zugleich als Abschußrohr für den lasergelenkten Panzerabwehr-Lenkflugkörper AT-11/Svir. Die dazugehörige Lenkeinrichtung wurde in den Laser-Entfernungsmesser integriert.

Technische Daten T-80 und T-80 U

Verwendungszweck: Kampfpanzer; Herstellerland: Sowjetunion/GUS; Besatzung: 3; Gewicht: T-80: ?, T-80 U: 46,0 t; Länge (Rohr 12 Uhr): 9,60 m; Breite: 3,58 m; Höhe: 2,20 m (Turmdach); Bodendruck: T-80: ?, T-80 U: ?; Fahrbereich (Straße): T-80: ?, T-80 U: 370 km; Motortyp: T-80: Gasturbine, T-80 U: Diesel; Motorleistung: T-80: 1.000 PS, T-80 U: 1.000 PS; Geschwindigkeit (Straße): T-80: ?, T-80 U: 70 km/h; Bewaffnung: BK 125 mm (Glattrohr), 1 MG 7,62 mm, 1 FlaMG 12,7 mm, T-80: LFK AT-8 (funkgesteuert), T-80 U: LFK AT-11 (lasergesteuert)

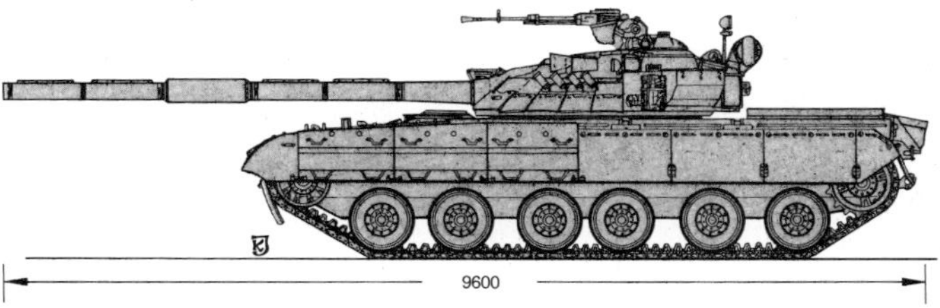

KPz T-80 U (Erkennungsblätter)

Neuester im Truppengebrauch Rußlands, der Ukraine und Weißrußlands stehender KPz-Typ, der T-80 U. Er ist abweichend vom T-80 anstelle der Gasturbine mit einem Zweitakt-Diesel-Gegenkolbenmotor vom Typ 6 TD und mit Zusatzpanzerungsmodulen am Turm und im Frontbereich der Wanne ausgerüstet. Der Kommandant erhielt ein Beobachtungsgerät mit quadratischem Ausblickkopf, der IR-Zielscheinwerfer entfiel, der Richtschütze erhielt ein neues Nachtsichtgerät. Die Kettenblenden in der vorderen Fahrzeughälfte wurden verstärkt, die Nebelwurfbecher sind jeweils zu viert in einer Reihe an beiden Turmseiten auf der Zusatzpanzerung angeordnet. An der rechten Turmseite befinden sich Staukästen für die MG-Munition. (Soldat und Technik)

Kampfpanzer MERKAVA

Der israelische KPz MERKAVA Mk 1 ist noch mit der amerikanischen M68-105 mm-Zugrohr-BK des KPz M60 und einem 900-PS-V-12-Dieselmotor ausgerüstet. Das rechnergestützte Matador-Feuerleitsystem wird schrittweise nachgerüstet. (Wehrtechnik)

Rechts, Mitte: Der MERKAVA Mk 2 ist mit Turmzusatzpanzerung und einer Spezialpanzerung im vorderen Wannenbereich ausgerüstet. Bewaffnung und Motorisierung entspricht der Ausführung der Mk 1. Die Adaption der Turmzusatzpanzerung ist an den auffälligen Bolzen erkennbar. Die Fangstelle an der Turmheckanlage wird durch dicke herabhängende Ketten geschützt, die Zünder gegnerischer Geschosse vorzeitig zur Detonation bringen. Das Triebwerk ist vorn im Bug eingebaut, der Heckraum ist von außen zugänglich. (Soldat und Technik)

Die Geschichte der MERKAVA als erste eigenständige Kampfpanzerentwicklung Israels reicht zurück bis zum Jahr 1970. Vier Jahre später wurden die ersten Prototypen — teilweise noch von den USA finanziert — vorgestellt. Die ersten MERKAVA (Mk 1) wurden 1979 der israelischen Armee übergeben. Verbesserte Versionen liefen als MERKAVA Mk 2 (1983) und MERKAVA Mk 3 (1989) der Truppe zu. Die Ausführungen Mk 1 und Mk 2 sind mit der gezogenen amerikanischen 105 mm-Bordkanone M68, die Ausführung Mk 3 mit einer 120 mm-Glattrohrkanone ausgestattet. Während der Mk 1 mit einer Mehrschichtpanzerung ausgerüstet ist, besitzen die späteren Ausführungen Zusatzpanzerungen am Turm und Spezialpanzerungen im vorderen Wannenbereich. Das digital-rechnergestützte Matador-Feuerleitsystem wurde ab Mk 2 leistungsgesteigert; schrittweise erfolgt dies ebenfalls als Nachrüstung bei der älteren Version. Während die Ausführungen Mk 1 und Mk 2 noch mit dem V-12-Dieselmotor Teldyne Continental AVDS-1790-6A ausgestattet wurden, erhielt der Mk 3 den leistungsstärkeren AVDS-1790-9AR-Motor. Allen Versionen gemeinsam ist die ausgefallene Turmform, der Triebwerkraum im vorderen Teil der Wanne und die Fähigkeit im Heckraum zusätzliche Munition bzw. zusätzliches Personal mitzuführen. Die israelische Armee ist mit ca. 800 KPz MERKAVA ausgestattet.

Technische Daten Mk 1, Mk 2, Mk 3

Verwendungszweck: Kampfpanzer; Herstellerland: Israel; Besatzung: 4; Gewicht: Mk 1: 56,0 t, Mk 2: 58,5 t, Mk 3: 61,0 t; Länge (Rohr 12 Uhr): Mk 1: 8,63 m, Mk 2: 8,63 m, Mk 3: 8,78 m; Breite: 3,70 m; Höhe: 2,76 m; Bodendruck: Mk 1: ?, Mk 2: ?, Mk 3: 0,96 kg/cm^2; Fahrbereich (Straße): 500 km; Motortyp: Diesel; Motorleistung: Mk 1: 900 PS, Mk 2: 900 PS, Mk 3: 1.200 PS; Geschwindigkeit (Straße): Mk 1: 46 km/h, Mk 2: 46 km/h, Mk 3: 55 km/h; Bewaffnung: Mk 1: BK 105 mm, Mk 2: BK 105 mm, 1 MG 7,62 mm, 1 MG 12,7 mm, 2 FlaMG 7,62 mm, 1 Mörser 60 mm; Mk 3: BK 120 mm (Glattrohr)

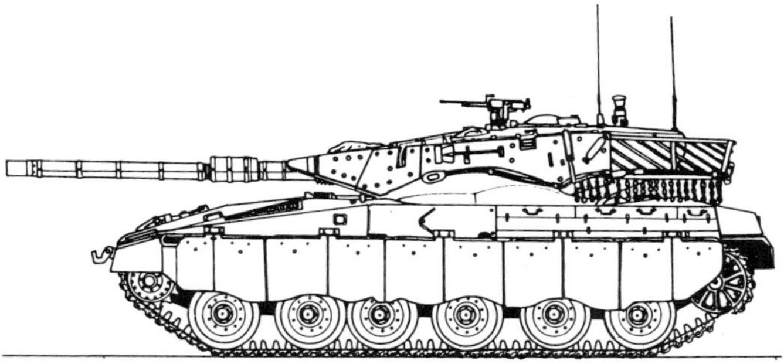

KPz MERKAVA Mk 2 (Tanks of the world)

MERKAVA Mk 3 mit 120 mm-Glattrohr-BK, neuartiger Federungsanordnung im Laufwerk und leistungsstärkerem 1.200-PS-Dieselmotor. (Soldat und Technik)

Kampfpanzer C1-ARIETE

Der neue italienische KPz C1-ARIETE ist mit einer 120 mm-Glattrohr-BK und einem 1.200-PS-V-12-Dieselmotor ausgerüstet. Als Kampfbeladung führt er 42 Patronen für die Hauptbewaffnung und 2.500 Schuß 7,62 mm für die Maschinengewehre mit. Das Laufwerk hat sieben Lauf- und vier Stützrollen. Der kastenförmige Turm mit Heckauslage hat eine stark geneigte Front mit kleiner Blende. Die Anbringung einer Reaktiv-Panzerung wird erwogen. (Armada International)

Die Entwicklung des KPz C1-ARIETE begann 1984 durch ein Konsortium Oto Melara und Iveco Fiat. Der C1-ARIETE soll ab 1993 — voraussichtlich in einer Stückzahl von 200 Fahrzeugen — die noch vorhandenen KPz M60 A1 im italienischen Heer ablösen. Als Hauptwaffe ist der C1-ARIETE mit einer von Oto Melara entwickelten 120 mm-Glattrohrkanone ausgerüstet, die kombatibel mit der Munition des LEOPARD 2, M1 ABRAMS und LECLERC ist. Das Triebwerk besteht aus dem neuen Fiat V-12-MTCA-Dieselmotor (flüssigkeitsgekühlt, aufgeladen), der eine Leistung von 1.200 PS entwickelt und dem deutschen vollautomatischen ZF-LSG-3000-Getriebe, das vier Vorwärts- und zwei Rückwärtsschaltstufen besitzt. Die Feuerleitanlage besteht aus einem primärstabilisiertem Rundblickperiskop des Kommandanten, einem primärstabilisierten Hauptzielgerät des Richtschützen mit integriertem Hilfszielfernrohr, einem digitalen Feuerleitrechner, einem Querwindsensor auf dem Turmdach und einer Feldjustieranlage. Als ballistischer Schutz wird im Turmbereich Mehrschichtpanzerung, für die Restflächen konventioneller Panzerstahl angewendet.

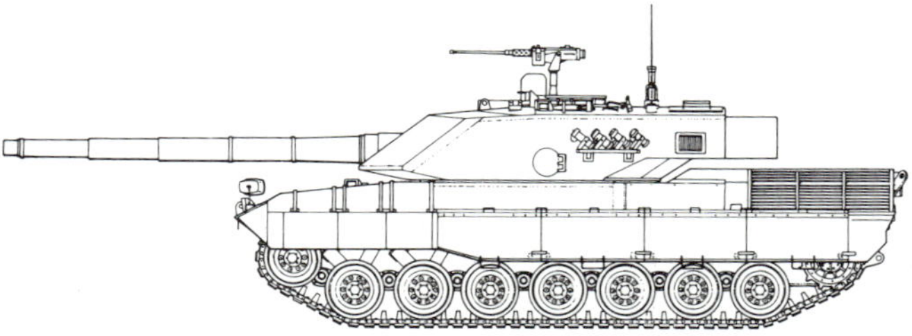

Seitenskizze des KPz C1-Ariete (Prototyp). (Tanks of the world)

Technische Daten C1-ARIETE

Verwendungszweck: Kampfpanzer; Herstellerland: Italien; Besatzung: 4; Gewicht: 48,0 t (GefGew); Länge (Rohr 12 Uhr): 9,52 m; Breite: 3,61 m; Höhe: 2,45 m (Turmdach); Bodendruck: 0,85 kg/cm²; Fahrbereich (Straße): 550 km; Motortyp: Diesel; Motorleistung: 1.200 PS; Geschwindigkeit (Straße): 65 km/h; Bewaffnung: BK 120 mm-Glattrohrkanone, 1 MG 7,62 mm, 1 FlaMG 7,62 mm

Durch die Einführung des C1-ARIETE soll der veraltete KPz M60 A1 herausgelöst werden. In den Systemmerkmalen Beweglichkeit und Schutz den modernsten westlichen Panzern unterlegen, bietet er eine preisgünstige Alternative, die zugleich Arbeitsplätze im eigenen Land erhält. (Soldat und Technik)

Die Feuerkraft des C1-ARIETE entspricht modernstem Standard: Neben der modernen 120 mm-Glattrohr-BK verfügt er über eine kombinierte, primärstabilisierte Tag-/Nachtzieloptik (Wärmebildgerät) mit integriertem Neodym-YAG-Laser-Entfernungsmesser. Der Kommandant besitzt ein primärstabilisiertes Rundblickperiskop mit einblendbarem Wärmebild aus der Richtschützenoptik. Das Feuerleitsystem wird durch einen Cosmo-Digitalrechner gesteuert. (Soldat und Technik)

Kampfpanzer TYP 74

Der japanische KPz TYP 74 ist mit der konventionellen britischen L7-A3-105 mm-Zugrohr BK bewaffnet; Wanne und Turm weisen eine günstige Formgebung auf. Durch sein hydropneumatisches Federungssystem ist er in der Lage, Nick- und Kantwinkelverstellungen des Fahrgestells vorzunehmen. (Tank Magazine)

Im Jahr 1962 erfolgten in Japan erste Überlegungen für die Nachfolge des Kampfpanzers TYP 61, der heutzutage zwar noch mit Masse im Truppendienst steht, aber gänzlich veraltet ist. Sechs verschiedene Prototypen wurden in den Jahren 1969 bis 1973 entwickelt, vorgestellt und erprobt. Im Jahr 1975 begann schließlich die in geringen Produktionsraten festgelegte Serienherstellung des TYP 74. Dieses Fahrzeug ist mit einer Waffenstabilisierungsanlage und einem einfachen ballistischen Feuerleitrechner ausgerüstet. Die Bewaffnung besteht aus der britischen 105 mm-Bordkanone L7A3, einem koaxialen 7,62 mm BlendenMG und einem 12,7 mm-Fla-MG. Die hydropneumatische Federung ermöglicht eine variable Bodenfreiheit zwischen 0,20 m und 0,65 m. Ein luftgekühlter 10-Zylinder-Dieselmotor (Mitsubishi 10ZF Type 22WT) und ein synchronisiertes Getriebe mit sechs Vorwärts- und 1 Rückwärtsgang (Mitsubishi MT75A) sowie das günstige Leistungsgewicht verleihen dem KPz TYP 74 gute Beweglichkeit im Gelände. Er ist tiefwatfähig und besitzt eine kollektive ABC-Schutzbelüftung. Der TYP 74 wurde mit Rohrwärmeschutzhüllen, Zusatzpanzerungen am Turmdach und im Frontbereich und einem passiven Nachtsichtsystem auf Infrarot-Basis nachgerüstet. Die Selbstverteidigungskräfte Japans verfügen über 850 Kampfpanzer TYP 74.

Technische Daten TYP 74

Verwendungszweck: Kampfpanzer; Herstellerland: Japan; Besatzung: 4; Gewicht: 38,0 t; Länge (Rohr 12 Uhr): 9,41 m; Breite: 3,18 m; Höhe: 2,67 m; Bodendruck: 0,86 kg/cm^2; Fahrbereich (Straße): 475 km; Motortyp: Diesel; Motorleistung: 650 PS; Geschwindigkeit (Straße): 53 km/h; Bewaffnung: BK 7,62 mm, 1 MG 7,62 mm, 1 FlaMG 12,7 mm

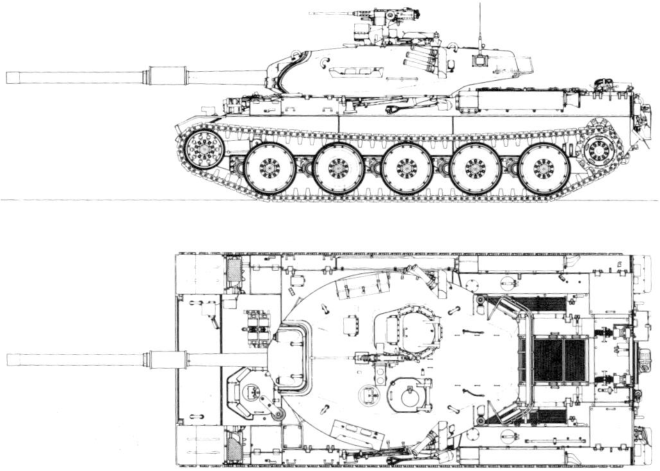

KPz TYP 74 (Tanks of the world)

Kürzlich wurden die KPz TYP 74 mit Wärmeschutzhüllen für die BK, Zusatzpanzerung auf dem Turmdach und im Frontbereich sowie durch ein Wärmebildgerät leistungsgesteigert. Das Fahrzeug ist mit einer Waffenstabilisierungsanlage über zwei Ebenen ausgestattet; es verfügt über einen einfachen ballistischen Computer und einen Laser-Entfernungsmesser. Als Kampfbeladung für die BK führt es 55 105 mm-Patronen mit. (The Tracks and Trucks of RI-KU-JI)

Kampfpanzer TYP 90

Der neue japanische KPz TYP 90 ist mit der deutschen 120 mm-Glattrohr-BK des LEOPARD 2 bewaffnet, besitzt jedoch einen automatischen Lader im Turmheck. Das Hauptzielgerät des Richtschützen ist mit einem Wärmebildgerät gekoppelt; der große Ausblickkopf befindet sich links auf dem Turmdach; auf der rechten Seite ist das Kommandanten-Periskop vor der Kommandantenluke eingebaut. Seine Feuerkraft ist mit dem amerikanischen M1 A1 vergleichbar, seine Beweglichkeit und sein Panzerschutz entsprechen modernstem Standard. (The Tracks and Trucks of RI-KU-JI)

Mit der Absicht, den veralteten TYP 61 zu ersetzen, begannen in Japan 1974 die ersten Untersuchungen zur Herstellung eines neuen Kampfpanzers. Im Jahr 1986 wurden vier Prototypen (TK-X) durch Mitsubishi Heavy Industries vorgestellt. Vier Jahre später wurden für die Selbstverteidigungskräfte Japans 30 Vorserienfahrzeuge bestellt. Die als TYP 90 benannten Fahrzeuge sind mit der 120 mm-Glattrohrkanone von Rheinmetall ausgerüstet. Das Fahrzeug verfügt ferner über einen automatischen Lader, eine digital-rechnergestützte Feuerleitanlage, einen Laser-Entfernungsmesser, einen Querwindsensor und ein Wärmebildgerät für den Richtschützen. Ein Laser-Warngerät befindet sich hinter der Blende auf dem Turmdach; die Richtanlage ist vollelektrisch ausgelegt. Die Federung besteht aus vier hydropneumatischen Einheiten und zwei Drehstäben für die beiden mittleren Laufrollen, die das Heben bzw. Absenken der Wanne um +/-15 cm erlauben. Das Fahrzeug ist nicht tiefwatfähig, es besitzt eine kollektive ABC-Schutzbelüftung. Die Serienproduktion für die japanische Armee soll 1992 beginnen.

Technische Daten TYP 90

Verwendungszweck: Kampfpanzer; Herstellerland: Japan; Besatzung: 3; Gewicht: 50,0 t; Länge (Rohr 12 Uhr): 9,70 m; Breite: 3,40 m; Höhe: 2,30 m (Turmdach); Bodendruck: ?; Fahrbereich (Straße): ?; Motortyp: Diesel; Motorleistung: 1.500 PS; Geschwindigkeit (Straße): 70 km/h; Bewaffnung: BK 120 mm (Glattrohr), 1 MG 7,62 mm, 1 MG 12,7 mm

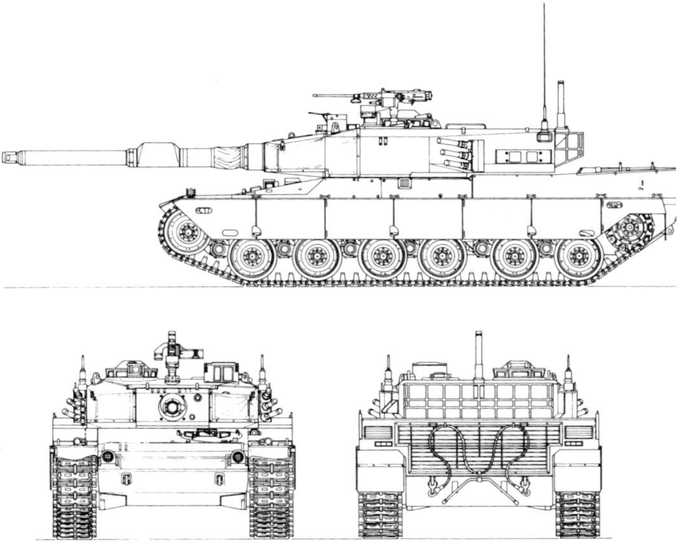

KPz TYP 90 (Tanks of the world)

Im äußeren Erscheinungsbild erinnert der japanische TYP 90 stark an den LEOPARD 2; im Inneren gibt es jedoch konstruktive Merkmale, die zum Teil erheblich von ihm abweichen: Ladeautomat, elektrische Richtanlage, kein unabhängiges Kommandanten-Rundblickperiskop, hydropneumatische Federung und fehlende Tiefwat- bzw. Unterwasserfahrfähigkeit seien nur als Beispiel genannt.
(The Tracks and Trucks of RI-KU-JI)

Kampfpanzer XK-1

Der in Zusammenarbeit mit den USA entwickelte südkoreanische KPz XK-1 ist mit einer 105 mm-Zugrohr-BK bewaffnet. Als Sekundärbewaffnung verfügt er über ein koaxiales 7,62 mm-MG, ein 12,7 mm-FlaMG für den Kommandanten und ein weiteres FlaMG (7,62 mm) für den Ladeschützen. In seinem äußeren Erscheinungsbild ähnelt er dem amerikanischen KPz M1 ABRAMS, seine Bugplatte ist jedoch steiler, der Turm insgesamt kürzer und niedriger (Tanks of the world)

Rechts unten: XK-1 mit zwei aufgebauten FlaMG. Vor der Kommandantenluke das Rundblickperiskop, davor der kastenartige Ausblickkopf des Hauptzielgerätes. Der Fahrer sitzt vorne links in der Wanne, seine Luke steht offen. Sein Laufwerk besteht aus sechs Laufrollen mit einem größeren Abstand zwischen der zweiten und dritten Laufrolle. (Soldat und Technik)

Der südkoreanische Kampfpanzer XK-1 wurde ab 1979 in Kooperation mit den USA entwickelt. Die Fertigung der Prototypen und die Erprobung wurden größtenteils in den USA durchgeführt. Die Serienproduktion für das südkoreanische Heer erfolgt seit 1985 bei den Hyundai-Werken. Das Layout des Turmes und der Wanne ist dem amerikanischen M1 ABRAMS ähnlich. Die Hauptbewaffnung ist die US-105 mm-Bordkanone M68 A1. Als Sekundärbewaffnung verfügt er über ein 7,62 mm-BlendenMG, ein weiteres 7,62 mm-MG vor der Ladeschützenluke und ein 12,7 mm-FlaMG für den Kommandanten. Die ersten 210 Fahrzeuge werden mit dem Hauptzielfernrohr von Hughes, alle weiteren Panzer voraussichtlich mit einer Mehrzweckoptik von Texas Instruments, die einen Wärmebildkanal und einen Laser-Entfernungsmesser einschließt, ausgerüstet. Die Feuerleitanlage ist digitalrechnergestützt; der Kommandant verfügt über ein unabhängiges, primärstabilisiertes Rundblickperiskop (SFIM). Der Antrieb erfolgt durch ein deutsches Triebwerk der Firma MTU zusammen mit dem automatischen Getriebe LSG 3000 der Firma ZF; die Hybrid-Federung besteht aus hydropneumatischen Federungselementen und aus Drehstäben.

Technische Daten XK-1

Verwendungszweck: Kampfpanzer; Herstellerland: Südkorea; Besatzung: 4; Gewicht: 51,0 t; Länge (Rohr 12 Uhr): 9,67 m; Breite: 3,59 m; Höhe: 2,25 m (ohne FlaMG); Bodendruck: 0,86 kg/cm^2; Fahrbereich (Straße): 500 km; Motortyp: Diesel; Motorleistung: 1.200 PS; Geschwindigkeit (Straße): 65 km/h; Bewaffnung: BK 105 mm, 2 MG 7,62 mm, 1 FlaMG 12,7 mm

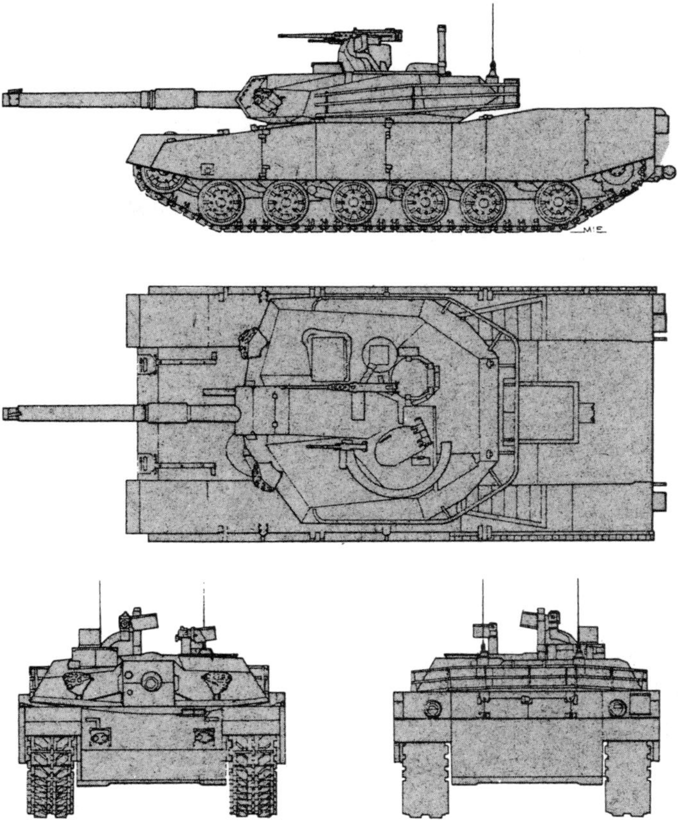

Vierseitenansicht des KPz XK-1 (Erkennungsblätter)

Kampfpanzer STRV 103

KPz STRV 103 B des schwedischen Heeres mit leistungsgesteigerter, zuschaltbarer Gasturbine. Ungewöhnliche Konstruktion, die ein Schießen aus der Fahrt jedoch nicht ermöglicht. (Wehrtechnik)

Rechts, Mitte: Heckansicht des STRV 103 B: Interessant, die herausragenden Staukästen am Fahrzeugheck, die Abgasöffnung an der rechten hinteren Fahrzeugseite, die Kommandantenluke mit aufgebautem 7,62 mm-FlaMG und der daneben befindliche Sichtblock mit dahinter liegender Luke für den Funker/Rückwärtsfahrer. Die 105 mm-Zugrohr-BK wird der Seite nach durch Fahrzeugbewegungen auf der Hochachse, der Höhe nach durch Heben und Senken des hydropneumatischen Laufwerks gerichtet (Erkennungsblätter)

Im Jahr 1958 wurde der Vertrag mit den Bofors-Werken zur Entwicklung eines turmlosen Kampfpanzers abgeschlossen, der auf Entwürfen von Sven Berge basierte. Nach Vorstellung der ersten beiden Prototypen im Jahr 1961 und weiteren Erprobungen begann die Serienproduktion des Stridsvagn 103 im Jahr 1966. Das mit einem Kombinationstriebwerk — Dieselmotor als Marschtriebwerk und zuschaltbare Gasturbine — ausgerüstete Gefechtsfahrzeug wurde in der Version B u.a. mit einer leistungsfähigeren Gasturbine und ab 1986 in der Version C mit einem leistungsfähigeren Diesel-Marschtriebwerk kampfwertgesteigert. Zusätzlich wurden das Schaltgetriebe, der Kühler, der Generator und der Abgasschalldämpfer modernisiert. Die Feuerleitanlage erhielt einen modernen ND-Yag-Laser-Entfernungsmesser; am Heck wurde durch Anbringung von zusätzlichen Kraftstoffbehältern der Kraftstoffvorrat um 41 Prozent erhöht. An den Fahrzeugseiten befinden sich Gestänge für den Schwimmbalg. Als Hauptbewaffnung besitzt der STRV 103 eine gezogene 105 mm-Bordkanone mit Rauchabsauger, verbunden mit einem automatischem Lader. Die Kanone wird nach der Seite durch Drehen des gesamten Fahrzeugs, nach der Höhe durch Heben bzw. Absenken der hydropneumatischen Federung gerichtet. Die Bedienungselemente für Steuerung, Anrichten des Zieles und Abfeuerung sind aus diesem Grunde gekoppelt. Das dritte Besatzungsmitglied, der Funker, sitzt hinter dem Kommandanten und fungiert zugleich als Rückwärtsfahrer. Der STRV 103 C ist nur mit laufenden Triebwerken kampffähig; die Nachtkampffähigkeit kann nur durch aktive Gefechtsfeldbeleuchtung — zwei Lyran-Werfer am Fahrzeugheck — sichergestellt werden.

Technische Daten STRV 103 C

Verwendungszweck: Kampfpanzer; Herstellerland: Schweden; Besatzung: 3; Gewicht: 42,5 t; Länge (Rohr 12 Uhr): 8,99 t; Breite: 3,63 m; Höhe: 2,43 m; Bodendruck: 1,17 kg/cm²; Fahrbereich (Straße): ?; Motortyp: Diesel + Gasturbine; Motorleistung: 290 PS + 490 PS; Geschwindigkeit (Straße): 50 km/h; Bewaffnung: BK 105 mm, 2 MG 7,62 mm, 1 FlaMG 12,7 mm

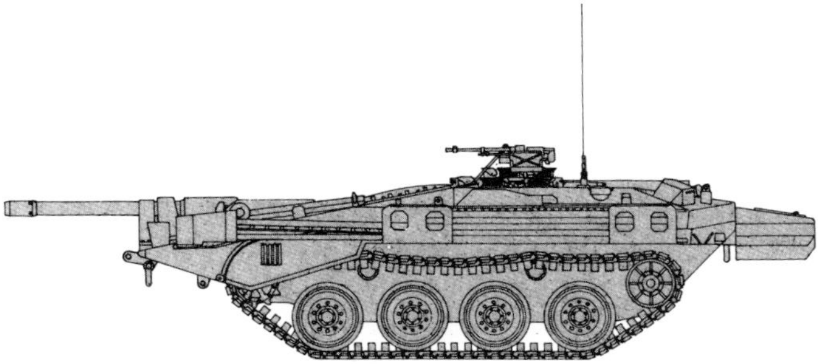

KPZ STRV 103 B (Erkennungsblätter)

KPz STRV 103 C mit jeweils neun zusätzlichen 22-Liter-Kraftstoffbehälter als Kettenschürzenelemente an beiden Fahrzeugseiten. (Soldat und Technik)

Kampfpanzer Pz 61 / Pz 68

Die Geschichte des Pz 61 reicht zurück bis zum Jahr 1951, als die Konstruktionswerkstätten 30 Tonnen den Auftrag zur Entwicklung eines neuen schweizerischen Kampfpanzers erhielten. 1957 wurden die ersten Prototypen mit einer 90 mm-Kanone, zwei Jahre später Vorserienfahrzeuge mit einer einteiligen gegossenen Wanne und mit einer 84 mm-Bordkanone vorgestellt. Nachdem sich 1961 wiederum das Kaliber — nunmehr auf 105 mm — änderte, lief die Serienproduktion des Pz 61 im Jahr 1964 an. Vier Jahre später wurde ein verbessertes Prototyp-Fahrzeug mit Waffenstabilisierung, verändertem Getriebe und breiteren Ketten als Pz 68 vorgestellt. 1971 begann die Produktion des 1. Loses des Pz 68, wodurch eine Kontroverse innerhalb der Schweiz wegen zahlreicher konstruktiver Mängel ausgelöst wurde. 1977 erfolgte die Auslieferung eines 2. Loses mit Rohrwärmeschutzhüllen. Im Zeitraum zwischen 1978 und 1983 wurde ein 3. und 4. Los mit vergrößertem Turm — nun Pz 68 AA2 benannt — hergestellt. Ab 1992 soll ein Modernisierungsprogramm eine Kampfwertsteigerung für 195 Pz 68 mit einer rechnergestützten Feuerleitanlage und einem Laser-Entfernungsmesser sicherstellen. Zugleich erfolgt die Herauslösung der 150 Pz 61 aus dem Truppengebrauch.

Technische Daten Pz 68 AA2

Verwendungszweck: Kampfpanzer; Herstellerland: Schweiz; Besatzung: 4; Gewicht: 39,7 t; Länge (Rohr 12 Uhr): 9,49 m; Breite: 3,14 m; Höhe: 2,75 m; Bodendruck: 0,85 kg/cm^2; Fahrbereich (Straße): 350 km; Motortyp: Diesel; Motorleistung: 704 PS; Geschwindigkeit (Straße): 55 km/h; Bewaffnung: BK 105 mm (gezogen), 1 MG 7,5 mm, 1 FlaMG 7,5 mm

Seitenansicht des seit 1971 im Truppengebrauch befindlichen PANZER 68. Er ist mit einem leistungsstärkeren 660-PS-Getriebe und einer Waffenstabilisierungsanlage ausgestattet. (Erkennungsblätter)

Der 1979 eingeführte PANZER 68 AA2 — in der Schweiz, Pz 68/75 bezeichnet — hat gegenüber dem PANZER 68 einen vergrößerten Turm. Gut erkennbar der leichte, zwischen Kommandanten- und Ladeschützenluke abgesenkte 71 mm-Granatwerfer und der geöffnete, runde Ausblickkopf der Richtschützenoptik.

Links oben: Der schweizerische PANZER 61 ist seit 1966 im Truppeneinsatz. Er ist mit einem 8-Zylinder-Dieselmotor von Mercedes (630 PS) und einer konventionellen 105 mm-Zugrohr-BK ausgerüstet. Die ursprünglich achsparallel eingebaute 20 mm-BMK von Oerlikon-Bühle wurde ab 1982 durch ein 7,5 mm-MG 51/71 ersetzt. (Soldat und Technik)

Neueste Ausführung des PANZER 68 (Pz 68/88), der nunmehr nach Umrüstung mit einer rechnergestützten Feuerleitanlage und integriertem Laser-Entfernungsmesser ausgerüstet ist. Auffällig der größere kastenförmige Ausblickkopf des Hauptzielgerätes. Interessantes Detail: der Hülsensack zum Auffangen der ausgestoßenen Patronenhülsen unterhalb des FlaMG.

Kampfpanzer M48

KPz M48 A2 G A2 der deutschen Bundeswehr; eine in Deutschland erfolgte Umrüstung der ehemals aus US-Beständen stammenden M48 A2 C. Die amerikanische 90 mm-BK wurde durch die britische 105 mm-Zugrohr-BK »L7 A3« ersetzt, die auch beim KPz LEOPARD 1 als Hauptbewaffnung dient. Zugleich wurde die ehemalige Kommandantenkuppel mit dem 12,7 mm-FlaMG (Cal 50) durch eine Kommandantenluke mit Drehringlafette für das 7,62 mm-FlaMG ersetzt. Der große Kasten links auf der Blende ist der geschlossene IR-/Weißlicht-Schießscheinwerfer; darunter auf dem Rohr befestigt, ein aus neun Abschußbechern bestehendes Kanonenabschuß-Darstellungsgerät. (Truppenzeitschrift Heer)

Rechts oben: Seitenansicht- und Draufsichtskizze des KPz M48 A5 mit 105 mm-BK, Dieselmotor und Kommandantenkuppel mit 12,7 mm-FlaMG (Cal 50). (Erkennungsblätter)

Noch bevor der KPz M47 an die Truppe ausgeliefert wurde, begann die Entwicklung des Nachfolgemodells M48. Bereits im Juli 1952 wurden die ersten Fahrzeuge der US-Army übergeben, um die entstandene Panzerlücke zu schließen. Diese Panzer erwiesen sich als noch nicht truppentauglich. Erst durch ein Verbesserungsprogramm, das 1955 zum M48 A1 und 1956 zur Version M48 A2 führte, wurden diese Mängel beseitigt. Spätere Versionen, wie der M48 A3 (Dieselmotor) und der M48 A5 (105 mm BK, neue Feuerleitanlage) erhöhten den Kampfwert erheblich. Die Version M48 A4 erlangte keine Serienreife und wurde aufgegeben. Insgesamt wurden in den USA bis 1959 11.703 M48 gefertigt; neben den o.a. Versionen gibt es weitere Abarten, die als nationale Nach- und Umrüstungen z.T. erheblich von den Grundversionen abweichen.

Technische Daten M48 A3, M48 A5

Verwendungszweck: Kampfpanzer; Herstellerland: USA; Besatzung: 4; Gewicht: M48 A3: 47,2 t, M48 A5: 49,0 t; Länge (Rohr 12 Uhr): M 48 A3: 8,69 m, M48 A5: 9,31 m; Breite: 3,63 m; Höhe: M48 A3: 3,12 m, M48 A5: 3,09 m; Bodendruck: M48 A3: 0,83 kg/cm^2, M48 A5: 0,88 kg/cm^2; Fahrbereich (Straße): M48 A3: 463 km, M48 A5: 499 km; Motortyp: Diesel; Motorleistung: 750 PS; Geschwindigkeit (Straße): 48,2 km/h; Bewaffnung: M48 A3: BK 90 mm, 1 MG 7,62 mm, 1 FlaMG 12,7 mm, M48 A5: BK 105 mm, 1 MG 7,62 mm, 1 FlaMG 7,62 mm

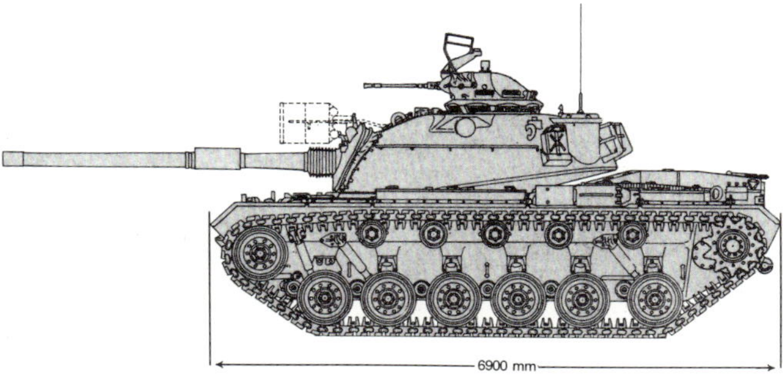

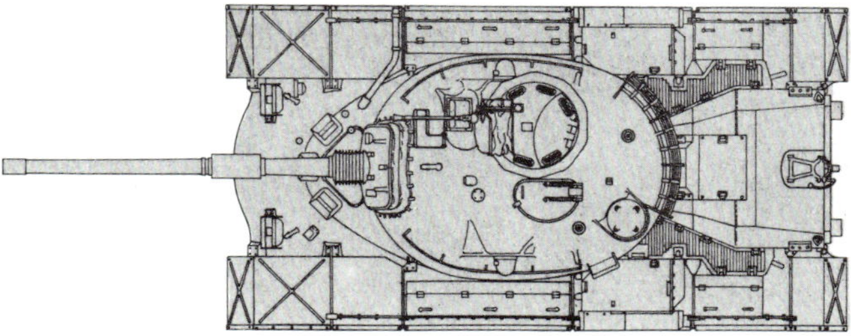

Der spanische M48 A5 E ist mit dem amerikanischen 750-PS-V-12-Dieselmotor AVDS 1790-2D und mit einer rechnergesteuerten Feuerleitanlage mit integriertem Laser-Entfernungsmesser ausgerüstet. Der optische Entfernungsmesser für den Kommandanten wurde beibehalten, eine passive Nachtzieloptik ist verfügbar. Das Fahrzeug ist mit einem Nebelerzeuger in der Abgasanlage und mit jeweils vier Nebelwurfbechern an beiden Turmseiten ausgestattet.

Kampfpanzer M60

KPz M60 A1 der US-Army mit leistungsgesteigertem 750-PS-Triebwerk anstelle von 661 PS (RISE), Waffenstabilisierungsanlage (ADS), verbesserter Filteranlage (TLAC) und neuer Gleiskette. Im Zeitraum 1977-1988 erfolgten weitere Nachrüstungen wie passive Nachtsichtgeräte (PASSIVE), Unterwasserfahrausstattung, Laser-Entfernungsmesser (LRF), neue Nebelwurfanlage und verbessertes koaxiales MG, Wärmebildgerät (TTS), Nebelgenerator im Abgassystem, Wärmeschutzhüllen, elektronischem Feuerleitrechner und Explosionsunterdrückungsanlage (FSS). Ab der Nachrüstung des Laser-Entfernungsmessers erhielten die Fahrzeuge die Bezeichnung M60 A3. (Soldat und Technik)

Als Weiterentwicklung des M48 — nunmehr mit Leichtmetallbaugruppen — begannen 1958 die Konstruktionsarbeiten für den KPz M60. Der zwischen 1960 und 1984 mit einer Stückzahl von 13.823 Fahrzeugen in den USA hergestellte M60, war wie die letzte Version des M48 mit einem Dieselmotor und einer 105 mm-Bordkanone ausgestattet. Ein weiteres Merkmal des M60 ist das vergrößerte Raumangebot in der Kommandantenkuppel und in der Wanne. Neben der ursprünglichen Serienversion des M-60, die mit dem Gußturm des M48 ausgerüstet war und inzwischen ausgemustert wurde, gab es drei weitere Versionen: Den M60 A1 mit neuem, formgünstigeren Turm; den M60 A2 mit einer Kombinationsbewaffnung (konventionelle Patronenmunition und Panzerabwehr-Flugkörper), mittlerweile nicht mehr im Truppengebrauch; den M60 A3 mit elektronischem Feuerleitrechner, Laser-Entfernungsmesser und passiver Nachtsichtoptik. Der M60 ist heute noch weltweit in großer Stückzahl im Einsatz.

Technische Daten M60 A1, M60 A3

Verwendungszweck: Kampfpanzer; Herstellerland: USA; Besatzung: 4; Gewicht: 52,6 t (GefGew); Länge (Rohr 12 Uhr): 9,44 m; Breite: 3,63 m; Höhe: 3,27 m; Bodendruck: 0,87 kg/cm^2; Fahrbereich (Straße): M60 A1: 500 km, M60 A3: 480 km; Motortyp: Diesel; Motorleistung: 750 PS; Geschwindigkeit (Straße): 48,3 km/h; Bewaffnung: BK 105 mm, 1 MG 7,62 mm, 1 FlaMG 12,7 mm; Feuerleitanlage/Optiken: M60 A1: Mech. Feuerleitrechner, z.T. Waffenstabilisierung, Opt. E-Messer, IR- bzw. Restlichtverstärker, M60 A3: Elektr. Feuerleitrechner, Waffenstabilisierung (ADS), Laser-E-Messer, Wärmebildgerät (TTS)

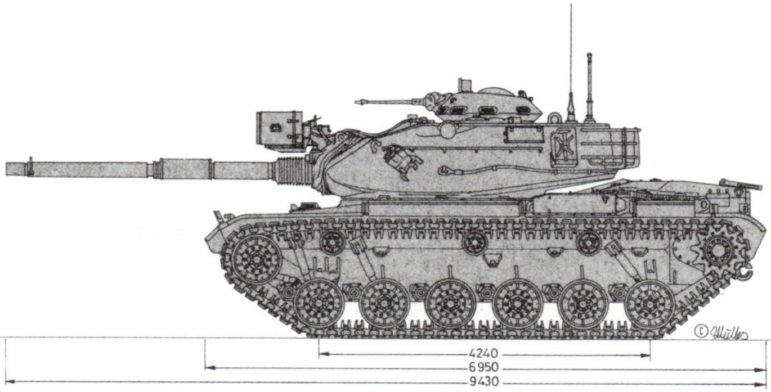

KPz M60 A3 (Erkennungsblätter)

Fabrikneuer KPz M60 A3 mit 105 mm-Zugrohr-BK, digitalem Feuerleitrechner, Laser-Entfernungsmesser und passiven Nachtsichtgeräten. Dieses Fahrzeug ist noch in großen Stückzahlen bei der US-Army im Truppengebrauch. Während des Golfkrieges wurden sie auch mit Reaktiv-Panzerung nachgerüstet. Trotz Ausrüstung mit einem Laser-Entfernungsmesser blieben die wulstartigen Ausblickköpfe des ursprünglichen optischen Entfernungsmessers an beiden Turmseiten — wie bei der Ausführung A1 — erhalten. (Tank Automotive Command)

Kampfpanzer M1

KPz M1 ABRAMS mit konventioneller 105 mm-Zugrohr-BK in der Golfregion. Auffällig die flache obere Bugplatte, die massiven Kettenschürzen, der großflächige Turm und die beiden FlaMG an beiden Turmluken. (Tank Magazine)

Der M1 ABRAMS ist die erste in Serie hergestellte Neukonstruktion eines US-Kampfpanzers nach dem Vietnam-Krieg. Das Entwicklungsprogramm begann Ende 1971, nachdem sich die Bundesrepublik Deutschland aus dem gemeinsamen KPz-70-Projekt zurückgezogen hatte. Im Herbst 1976 mußten sich die beiden amerikanischen Prototypen der Firmen Chrysler und General Motors zusammen mit dem deutschen LEOPARD 2 AV einer Auswahlbewertung stellen. Ausgewählt zur Einführung in die US-Army wurde die Chrysler-Version. Die ersten Serienfahrzeuge des M1 ABRAMS — noch mit dem gezogenen 105 mm-Rohr ausgestattet, wurden 1980 an die Truppe ausgeliefert. Ab 1985 wurde eine verbesserte Version (vornehmlich Turm und Laufwerk betreffend) mit der Bezeichnung IP M1 produziert. Im gleichen Jahr erhielt die US-Army mit erheblicher Verzögerung den M1 A1, der — als entscheidendes Merkmal — mit der leicht modifizierten deutschen 120 mm-Rheinmetall-Glattrohrkanone des LEOPARD 2 ausgerüstet ist. Kurz vor der Serienreife steht die neueste Version des ABRAMS — der M1 A2, der neben weiteren Verbesserungen, mit einem vom Turm unabhängig schwenkbaren Rundblickperiskop mit integriertem Wärmebildgerät für den Kommandanten ausgestattet werden soll. Insgesamt sind Beschaffungsaufträge von ca. 7.500 M1 für die US-Army/Marines an die Industrie vergeben worden. Der M1 hat im Golfkrieg seine Feuerprobe erfolgreich bestanden, er ist neben dem T-80 der GUS und dem schwedischen STRV 103 der einzige Kampfpanzer, der mit einer Gasturbine als Antriebsaggregat ausgerüstet ist.

Technische Daten M1, M1 A1

Verwendungszweck: Kampfpanzer; Herstellerland: USA; Besatzung: 4; Gewicht: M1: 54,5 t, M1 A1: 57,2 t; Länge (Rohr 12 Uhr): M1: 9,77 m, M1 A1: 9,83 m; Breite: M1: 3,65 m, M1 A1: 3,66 m; Höhe: 2,88 m; Bodendruck: 0,90 kg/cm^2; Fahrbereich (Straße): M1: 498 km, M1 A1: 465 km; Motortyp: Gasturbine; Motorleistung: 1.500 PS; Geschwindigkeit: M1: 72 km/h, M1 A1: 67 km/h; Bewaffnung: M1: BK 105 mm, 1 MG 7,62 mm; 1 FlaMG 12,7 mm, M1 A1: BK 120 mm, 1 MG 7,62 mm, 1 FlaMG 12,7 mm

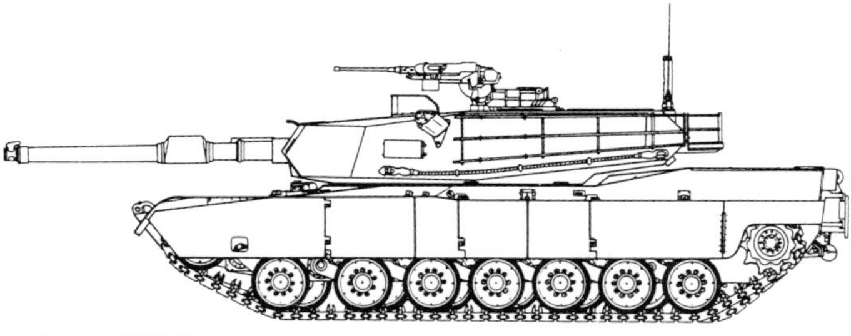

KPz M1 A1 ABRAMS (Tanks of the world)

M1 A1 mit 120 mm-Glattrohr-BK in Zufahrt. Der M1 A1 verschießt die gleiche Munition wie der LEOPARD 2, LECLERC, C1-ARIETE und der japanische TYP 90. Die moderne Feuerleitanlage, die Spezialpanzerung und gute Beweglichkeitsmerkmale stellen zusammen mit einer gut ausgebildeten Panzerbesatzung für jeden Herausforderer einen ernstzunehmenden Gegner dar. (Armada International)

Schützenpanzer VCTP

Der argentinische SPZ VCTP ist eine leicht abgewandelte Lizenzproduktion des TH 302 von Thyssen Henschel. Er nutzt das bewährte Fahrwerk des deutschen SPz MARDER 1, verwendet jedoch einen herkömmlichen 2-Mann-Turm. Die 20 mm-BMK ist wie beim MARDER 1 die Rh 202 von Rheinmetall.

Rechts, Mitte: Ein VCTP beim Verlassen der Produktionsstätte. Links vorn im Bug die geöffnete Fahrerluke. Die Fahrzeuge dahinter sind vermutlich Mörserträger mit der Bezeichnung VCTM.

Wie der KPz TAM ist der VCTP (Vehicolo de Combate y Transporte de Personel) eine argentinische Lizenzproduktion auf der Basis des deutschen SPz MARDER 1. Im Jahr 1979 begann die Serienproduktion von ca. 200 Fahrzeugen für das argentinische Heer und für den Export. Während des Falklandkrieges gelangte er nicht zum Einsatz. Wanne und Laufwerk sind nahezu identisch zum SPz MARDER 1; der 2-Mann-Turm ist mit einer 20 mm-Bordmaschinenkanone von Rheinmetall (Rh 202) in einer Walzenblende ausgestattet. Auf dem hinteren Wannendach befindet sich in einer Scheitellafette ein von innen bedienbares Heckmaschinengewehr. Er führt eine 12-Mann-Besatzung (3 + 9) mit; je drei Schießluken pro Fahrzeugseite ermöglichen den Schützen, den Kampf aufgesessen unter Panzerschutz zu führen. Das Absitzen der Schützentrupps erfolgt durch die große Heckklappe unter Deckung des Fahrzeuges.

Technische Daten VCTP

Verwendungszweck: Schützenpanzer; Herstellerland: Argentinien/Deutschland; Besatzung: 3 + 9; Gewicht: 28,0 t; Länge (Rohr 12 Uhr): 6,83 m; Breite: 3,31 m; Höhe: 2,68 m; Bodendruck: 0,69 kg/cm^2; Fahrbereich (Straße): 570 km; Motortyp: Diesel; Motorleistung: 720 PS; Geschwindigkeit (Straße): 75 km/h; Bewaffnung: BMK 20 mm, Heck-MG 7,62 mm (in Scheitellafette)

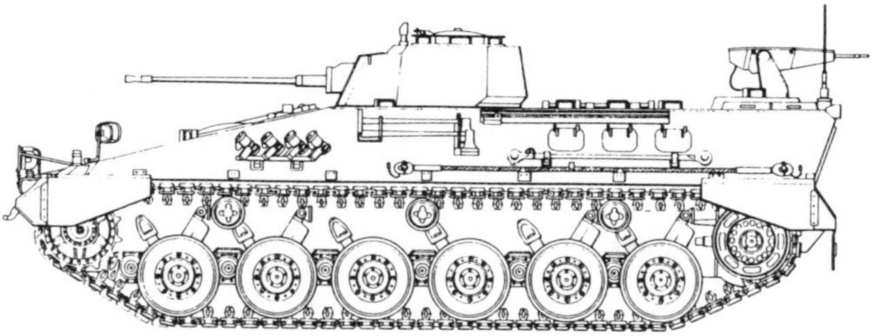

SPz VCTP (Tanks of the world)

Der nahezu zum VCTP baugleiche, für Exportzwecke angebotene TH 302; ihm fehlt das Heck-MG. (Thyssen Henschel)

Schützenpanzer MARDER 1

Der SPz MARDER 1 A2 der deutschen Bundeswehr ist mit einer 20 mm-BMK, einem achsparallelem MG und dem PARS Milan ausgerüstet. Die Ausführung A2 erhielt als Nachrüstung u.a. ein Wärmebildgerät. Sein Ausblickkopf befindet sich mit Bügel und Welldraht gesichert vor den Nebelwurfbechern links neben der BMK. Das scheitellafettierte Heck-MG (siehe VCTP) entfiel. (Thyssen Henschel)

Der im Jahr 1960 erfolgte Auftrag an die Industrie, eine neue leichte Panzerfamilie für das deutsche Heer auf der Basis eines Schützenpanzers zu entwickeln, verursachte größere Schwierigkeiten, mit der Folge, daß der Entwicklung des Kanonen- und Raketenjagdpanzers der Vorzug gegeben wurde. Die Prototypen 2 und 3 des Schützenpanzers wurden in den Jahren 1963 bzw. 1965 vorgestellt. Ein Jahr später wurde die Forderung auf Einbau eines 2-Mann-Turmes mit scheitellafettierter Bordmaschinenkanone gestellt. Nach Beginn der Vorserienfertigung (1968) erfolgte die Serienherstellung von insgesamt 2.136 SPz MARDER ab 1970. Um der Bedrohung und der technischen Weiterentwicklung gerecht zu werden, erfolgten mehrere Kampfwertsteigerungen. Im Zeitraum 1977-1979 wurde zunächst der größte Teil der SPz MARDER mit dem PARS MILAN ausgerüstet. Ab 1979 wurden alle MARDER durch den Einbau einer Doppelgurtzuführung für die 20 mm-BMK und Verstärkung des Seitenrichtgetriebes zum MARDER A1 bzw. MARDER A1A kampfwertgesteigert. Während der A1 passive Nachtsichtgeräte erhielt, behielt der A1A (1.112 Fahrzeuge) seine Infrarotgeräte bei. Die Kampfwertsteigerung zum MARDER A2 (1.462 Fahrzeuge) ab 1983 beinhaltete die Nachrüstung mit Wärmebildgeräten, einer Winkelspiegel-Reinigungsanlage für den Fahrer und ggf. der neuen Funkgerätegeneration SEM 70/80/90; das MG in der Hecklafette hingegen entfiel. Da in der Zwischenzeit die Entwicklung des MARDER 2 begonnen hatte, erhielt der Ur-MARDER nunmehr die Bezeichnung SPz MARDER 1. Seit 1989 erfolgt die Kampfwertsteigerung von 2.100 Fahrzeugen auf den Rüststand MARDER 1 A3. Sie umfaßt im wesentlichen eine Verbesserung des Panzerschutzes durch Anbringung einer Zusatzpanzerung in Schottbauweise sowie Funktionsverbesserungen von Baugruppen, um die Erhöhung des Fahrzeuggewichts auszugleichen sowie die Kampfkraft und Standfestigkeit zu steigern.

Technische Daten MARDER 1

A1A2

Verwendungszweck: Schützenpanzer; Herstellerland: Deutschland; Besatzung: 3 + 6; Gewicht (GefGew): 29,2 t; Länge (Rohr 12 Uhr): 6,79 m; Breite: 3,24 m; Höhe: 2,98 m; Bodendruck: 0,83 kg/cm^2; Fahrbereich (Straße): 520 km; Motortyp: Diesel; Motorleistung: 600 PS; Geschwindigkeit (Straße): 75 km/h; Bewaffnung: BMK 20 mm, 1 MG 7,62 mm, 1 PARS MILAN (teilw.); Optronik: PNZBG mit WOE

A2
Bewaffnung: BMK 20 mm, 1 MG 7,62 mm, 1 PARS MILAN; Optronik: WBG

A3
Gewicht (GefGew): 33,5 t; Länge (Rohr 12 Uhr): 6,88 m; Breite: 3,38 m; Höhe: 3,01 m; Bodendruck: ?; Fahrbereich (Straße): ?; Motortyp: Diesel; Motorleistung: 600 PS; Geschwindigkeit (Straße): 65 km/h; Bewaffnung: wie A2, Optronik: WBG

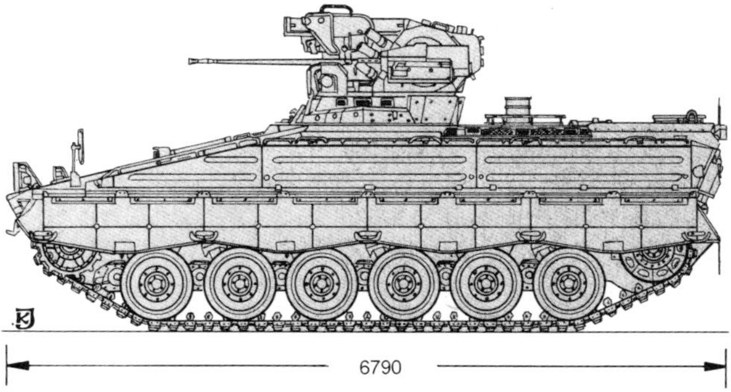

SPz MARDER 1 A3 (Erkennungsblätter)

Der MARDER 1 A3 erhielt an allen Seiten eine Zusatzpanzerung — größtenteils in Schottbauweise — die seine Überlebenswahrscheinlichkeit gegenüber feindlichen Schützenpanzern erheblich steigerte. Äußerlich erkennbar sind die nachgerüsteten Fahrzeuge an der dicken Bugplatte, den Staukästen über die gesamte Fahrzeuglänge und der dickeren Heckplatte. Rechts oben am Turm das Startrohr für den LFK Milan. (Soldat und Technik)

Schützenpanzer MARDER 2

Auch wenn er gewisse Ähnlichkeit zum MARDER 1 oder VCTP hat, der Spz MARDER 2 ist ein völlig neu konstruiertes Fahrzeug. Mit seiner Einführung bei der deutschen Bundeswehr ist ab 1998 zu rechnen. Mit seiner modernen Panzerung und seiner 35 mm-BMK wird jedem derzeit eingeführten Schützenpanzer mehr als Paroli bieten. Ein Novum im Schützenpanzerbau ist die KPz-ähnlich ausgelegte Feuerleitanlage — rechnerstabilisiert, primärstabilisierte Optiken mit Tag-/Wärmebild- und Laserkanal, Kommandantenwinkelspiegel mit Tippvisier, elektrischer Richtanlage und gurtgliedloser Zugführung der Munition. Sein 1.000-PS-Dieselmotor ist auf der Basis des KPz LEOPARD 2 entwickelt worden.
(Soldat und Technik)

Im September 1991 wurde nach lediglich zweijähriger Entwicklungszeit der Versuchsträger VT 001 als Prototyp des neuen Schützenpanzers MARDER 2 präsentiert. Er hat die Beweglichkeit des KPz LEOPARD 2 und soll ab 1998 die aus dem NVA-Bestand übernommenen und umgerüsteten BMP 1 A1 ablösen. Die innenlafettierte 35 mm-BMK verschießt Spreng- und Hartkernmunition (KE), die gurtgliedlos nach Wahl zugeführt wird. Er besitzt eine digital-rechnergesteuerte Feuerleitanlage mit primärstabilisierten Optiken mit Tag-, Wärmebild- und Laserkanal. Die Waffenanlage wird elektrisch stabilisiert und nachgeführt. Das Triebwerkmanagement ist mikroprozessorgesteuert und digitalisiert. Die 10-Mann-Besatzung verfügt über zehn großzügig bemessene Besatzungsstände. Das Absitzen der gesamten Besatzung ist durch zwei große Hecktüren möglich. Die rasche Fehlerlokalisierung für die Instandsetzung ist durch rechnergesteuerte, integrierte Prüfsysteme für Fahrgestell und Turm sichergestellt. Als Aufwuchspotential verfügt der SPz MARDER 2 über die Fähigkeit für den optimalen Einbau einer 50 mm-BMK, zur Nutzung zusätzlicher Panzerung und leistungsgesteigerter Feuerleitsoftware sowie über Reserven bezüglich der Triebwerksleistung.

Technische Daten MARDER 2

Verwendungszweck: Schützenpanzer; Herstellerland: Deutschland; Besatzung: 3 + 7; Gewicht: ?; Länge (Rohr 12 Uhr): ?; Breite: ?; Höhe: ?; Bodendruck: ?; Fahrbereich (Straße): ?; Motortyp: Diesel; Motorleistung: 1.000 PS; Geschwindigkeit (Straße): ?; Bewaffnung: BMK 35 mm (optional BMK 50 mm), MG 7,62 mm, PARS (Typ ?)

Der MARDER 2 bietet neben guten Überlebensfähigkeiten für seine zehn Besatzungsmitgliedern die Beweglichkeit des KPz LEOPARD 2. Von seinen zehn Besatzungsständen sind sechs als bequeme Liegeplätze gestaltet. Das Ausbooten der Schützentrupps ist durch zwei große Hecktüren möglich. (Krauss Maffei)

Prototyp des MARDER 2 bei einer Präsentation für die Presse.
(Soldat und Technik)

Schützenpanzer AMX-10P

Der französische SPz AMX-10P ist mit einer 20 mm-BMK bewaffnet.

Die Entwicklung des französischen AMX-10 begann 1965 bei der Firma Atelier de Construction d'Issy-les-Moulineaux; drei Jahre später wurden die ersten Prototypen mit einem 1-Mann-Turm fertiggestellt. Im Jahr 1973 wurden 80 Vorserienfahrzeuge hergestellt, die für Truppenversuche genutzt wurden. Das Fahrgestell des AMX-10 dient als Trägerfahrzeug für mittlerweile 17 verschiedene Gefechtsfahrzeuge: Vom Schützenpanzer über den Jagdpanzer bis zum Spähpanzer. In der Version des Schützenpanzers trägt er die Bezeichnung »AMX-10P«. Er ist mit einer 20 mm-BMK und einem koaxialen 7,62 mm-MG in einem 2-Mann-Turm ausgerüstet. Das Fahrzeug ist schwimmfähig und wird im Wasser mit einem Wasserstrahlantrieb bewegt. Indonesien beschaffte ein modifiziertes Fahrzeug für Marineinfanterieaufgaben (AMX-10P Marine).

Technische Daten AMX-10P

Verwendungszweck: Schützenpanzer; Herstellerland: Frankreich; Besatzung: 3 + 8; Gewicht: 14,5 t; Länge (Rohr 12 Uhr): 5,78 m; Breite: 2,78 m; Höhe: 2,57 m; Bodendruck: 0,52 kg/cm^2; Fahrbereich (Straße): 600 km; Motortyp: Diesel; Motorleistung: 300 PS; Geschwindigkeit (Straße): 65 km/h; Bewaffnung: BMK 20 mm, 1 MG 7,62 mm

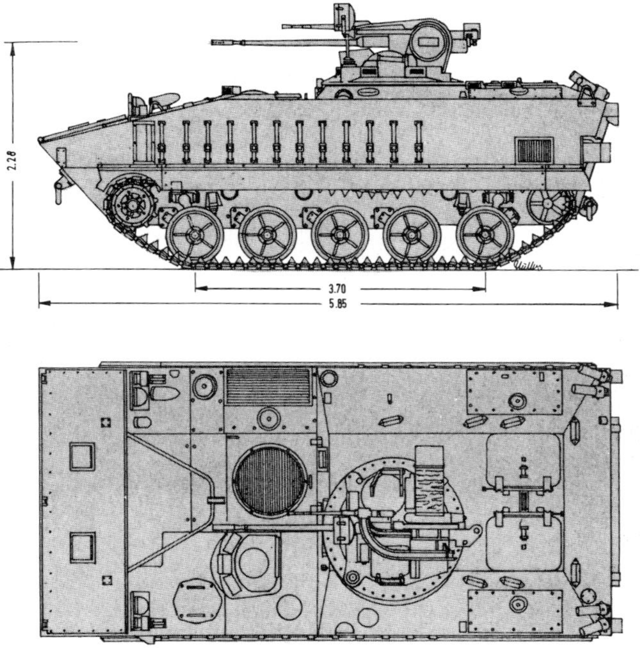

SPz AMX-10P (Erkennungsblätter)

Der AMX-10P hat elf Besatzungsmitglieder, von denen bis zu neun Soldaten durch die geöffnete Heckklappe absitzen können (siehe auch linke Seite). Ein aufgesessener Kampf ist nur sehr bedingt möglich.
(Soldat und Technik/Erkennungsblätter)

Schützenpanzer WARRIOR

Der britische SPz WARRIOR ist mit einer 30 mm-BMK mit trichterförmigem Mündungsfeuerdämpfer und einem achsparallelen MG bewaffnet. Sein Rollenlaufwerk ist mit einem vorn liegenden Triebrad, sechs Lauf- und drei Stützrollen bestückt. Der Bug steigt keilförmig an, am senkrechten Heck befinden sich Staubehälter. Auffällig, die große Wartungsklappe an der linken Wannenseite, die fast quadratische große Hecktür und die breiten Sichtblöcke auf dem Turmdach. Der achteckige, trapezförmige 2-Mann-Turm mit leicht abgeschrägten Seitenwänden ist leicht nach links versetzt knapp hinter der Fahrzeugmitte eingebaut. Auf dem vorderen Teil des Turmdachs sind die beiden großen, rechteckigen Ausblickköpfe der Optiken des Kommandanten und des Richtschützen durch Klappen verschließbar; an den Turmvorderseiten sind je vier Nebelwurfbecher vorhanden. Oben abgebildeter WARRIOR ist mit dem Schießsimulator SIMFIRE (Projektor auf dem Rohr) ausgerüstet. (Wehrtechnik)

Im Jahr 1969 wurde der Auftrag zur Ablösung des Mannschaftstransportwagens FV432 APC durch einen neuen Schützenpanzer erteilt. Acht Jahre später stellte der Generalunternehmer GKN Sankey zwölf Prototypen mit der Bezeichnung MCV 80 vor. Nach eingehenden Erprobungen wurde 1985 schließlich der Vertrag zur Herstellung von 1.048 Schützenpanzern mit der Bezeichnung WARRIOR FV510 MCV abgeschlossen. Nach weiteren zwei Jahren erhielt die britische Armee die ersten Serienfahrzeuge; darunter auch weitere, in Serie produzierte Familienfahrzeuge, wie Zugführer-, Artilleriebeobachtungs-, Wartungs- und Bergungsfahrzeuge. In der Version des Schützenpanzers ist der WARRIOR mit einer 30 mm-BK und einem 7,62 mm-MG in einem 2-Mann-Turm ausgerüstet. Angetrieben wird der WARRIOR durch einen V-8-Dieselmotor Perkins CV8 TCA — gekoppelt mit einem Detroit Diesel Allison X300-4B-Getriebe.

Technische Daten WARRIOR

Verwendungszweck: Schützenpanzer; Herstellerland: Großbritannien; Besatzung: 3 + 7; Gewicht: 24,5 t (GefGew); Länge (Rohr 12 Uhr): 6,34 m; Breite: 3,03 m; Höhe: 2,74 m; Bodendruck: 0,68 kg/cm^2; Fahrbereich (Straße): 660 km; Motortyp: Diesel; Motorleistung: 558 PS; Geschwindigkeit (Straße): 52 km/h; Bewaffnung: BMK 30 mm, 1 MG 7,62 mm

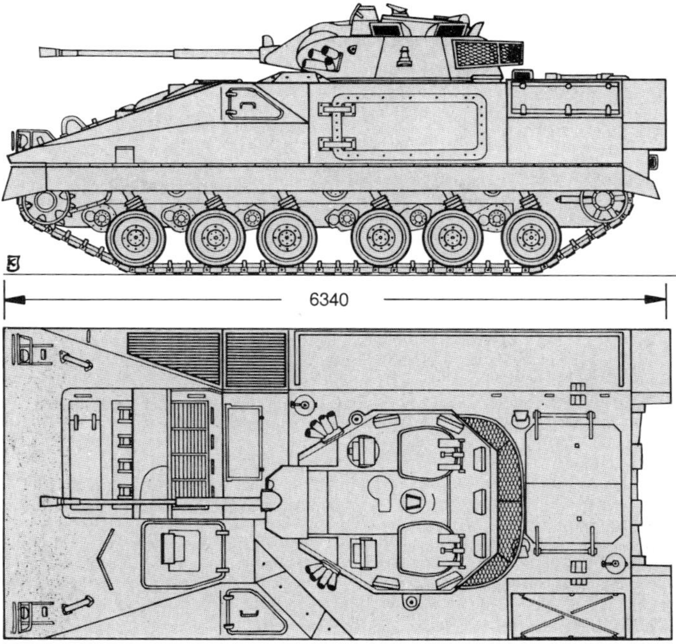

SPz WARRIOR (Erkennungsblätter)

SPz WARRIOR mit der Kernbesatzung bestehend aus Kommandanten, Richtschütze und Fahrer. (Erkennungsblätter)

Schützenpanzer VCC 80

Der neue italienische SPz VCC 80 ist mit einer nachgeführten 25 mm-BMK und rechnergestützter Feuerleitanlage mit primärstabilisiertem modernen Tag-/Nachtoptiken und Laser-Entfernungsmesser ausgerüstet. (Tanks of the world)

Aufgrund einer militärischen Forderung des italienischen Heeres aus dem Jahr 1982, einen Schützenpanzer einzuführen — der zusammen mit dem KPz C1-ARIETE — das Gefecht der Verbundenen Waffen führen kann, wurde der Schützenpanzer VCC 80 (Veicolo Corazzato di Combattimento) entwickelt. Drei Jahre später stellte die Firma Oto-Melara zwei Prototypfahrzeuge vor, denen wenig später ein drittes folgte. Der VCC 80 ist mit einer 25 mm-BMK (Oerlikon KBA) mit Doppelgurtzuführung und einem koaxialen 7,62 mm-MG in einem 2-Mann-Turm bewaffnet. Die Adaption des PARS Milan am Turm ist möglich. Den mitgeführten Schützentrupps stehen vier Schießluken im hinteren Kampfraum für den Einsatz von Handfeuerwaffen zur Verfügung. Das Fahrzeug ist mit einer rechnergestützten integrierten Feuerleitanlage mit stabilisierten Tag-/Nachtoptiken (Wärmebildgerät), Laser-Entfernungsmesser und nachgeführter Waffenanlage ausgerüstet. Der Antrieb erfolgt durch einen militärisierten turboaufgeladenen Fiat-Dieselmotor V6MTCA zusammen mit dem deutschen Automatikgetriebe vom Typ ZF 20 HST 500 mit vier Vorwärts- und zwei Rückwärtsgängen. Neben einem konventionellen Rollenlaufwerk ist ein Prototypfahrzeug mit einem hydropneumatischen Laufwerk ausgestattet. Zusätzlich verfügt das Fahrzeug über eine ABC-Schutzbelüftungs-, eine Explosionsunterdrückungs- und eine Klimaanlage. Die Entscheidung über eine Serienproduktion ist noch nicht gefallen, sie erscheint aber höchstwahrscheinlich.

Technische Daten VCC 80

Verwendungszweck: Schützenpanzer; Herstellerland: Italien; Besatzung: 3 + 6; Gewicht: 19,0 t; Länge (Rohr 12 Uhr): 6,71 m; Breite: 3,0 m; Höhe: 2,60 m; Bodendruck: 0,66 kg/cm^2; Fahrbereich (Straße): 600 km; Motortyp: Diesel; Motorleistung: 480 PS; Geschwindigkeit (Straße): 70 km/h; Bewaffnung: BMK 25 mm, 1 MG 7,62 mm, PARS Milan (?)

VCC 80 mit geöffneter Hülsenauswurfklappe. (Soldat und Technik)

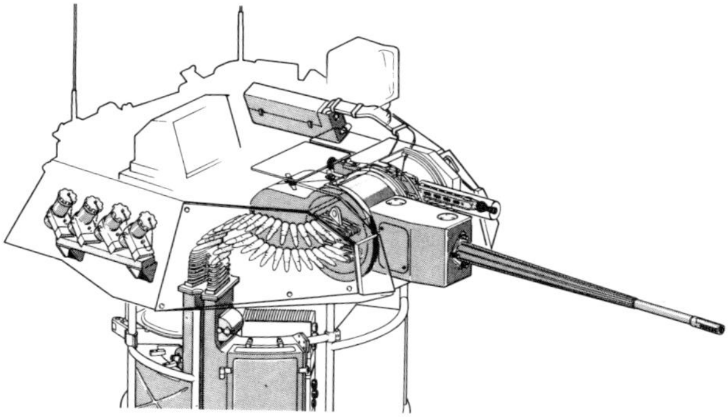

Munitionszuführung von BMK und Koaxial-MG. (Soldat und Technik)

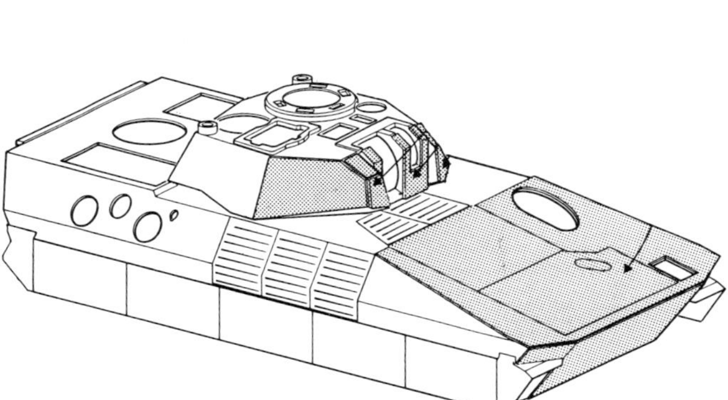

Panzerung des VCC 80. (Soldat und Technik)

Schützenpanzer TYP 88

Der neue japanische SPz TYP 88 ist mit der schweizerischen 35 mm-BMK (Oerlikon-Bührle KDE 35), die eine Kadenz von 200 Schuß pro Minute hat, bewaffnet. Als Sekundärbewaffnung verfügt er über ein achsparalleles 7,62 mm-MG links daneben. Durch die wulstartigen Kugelbenden an den Wannenseiten und am Fahrzeugheck kann mit 5,56 mm-Maschinenpistolen der Feuerkampf aufgesessen unter Panzerschutz geführt werden. Zur Panzerabwehr verfügt der SPz TYP 88 an beiden Turmseiten über kastenförmige Abschußvorrichtungen für das PARS Jyu-Mat Type 79. Die mitgeführte Infanteriegruppe kann durch zwei große, nach beiden Seiten zu öffnenden Hecktüren absitzen. Das Laufwerk besteht aus sechs Laufrollen und drei Stützrollen; das Triebrad befindet sich vorn. Die schmale Blende nimmt die mit einem Feuerdämpfer ausgestattete und über den Fahrzeugbug hinausreichende 35 mm-BMK auf. Der kleine Kasten rechts neben der BMK ist das geschützte Objektiv des Wärmebildgerätes; auf dem Turmdach sind die großen verschlossenen Ausblickköpfe der Kommandanten- und Richtschützenoptik augenfällig. (Tank Magazin)

Die Entwicklung des japanischen TYP 88 begann 1981 mit der militärischen Forderung zur Ablösung des veralteten Mannschaftstransportwagens TYP 60 durch einen neuen Schützenpanzer. Nachdem vier Prototypfahrzeuge durch Mitsubishi Heavy Industries hergestellt worden waren, begannen im Jahr 1984 die Erprobungen. Fünf Jahre später begann die Serienproduktion mit der geringen jährlichen Ausstoßrate von ca. 50 Fahrzeugen. Der 2-Mann-Turm ist mit einer 35 mm-BMK und mit einem links daneben eingebauten, koaxialen 7,62 mm-MG bewaffnet. An beiden Turmseiten befinden sich manuell vom Kampfraum nachladbare Abschußbehälter für das lasergelenkte PARS Jyu-Mat Type 79. Durch je drei Schießöffnungen an beiden Wannenseiten kann aus dem hinteren Kampfraum mit Handfeuerwaffen gewirkt werden. Die aufwendige Feuerleitanlage ist u.a. mit einem Wärmebildgerät und einem Laser-Entfernungsmesser bestückt. Als Antriebsaggregat dient ein Sechszylinder-Dieselmotor mit einer Leistungsabgabe von 600 PS.

Technische Daten TYP 88

Verwendungszweck: Schützenpanzer; Herstellerland: Japan; Besatzung: 3 + 7; Gewicht: 26,0 t; Länge (Rohr 12 Uhr): 6,87 m; Breite: 3,20 m; Höhe: 2,50 m; Bodendruck: ?; Fahrbereich (Straße): ?; Motortyp: Diesel; Motorleistung: 600 PS; Geschwindigkeit (Straße): 70 km/h; Bewaffnung: BMK 35 mm, MG 7,62 mm, PARS Jyu-Mat Type 79 (lasergelenkt)

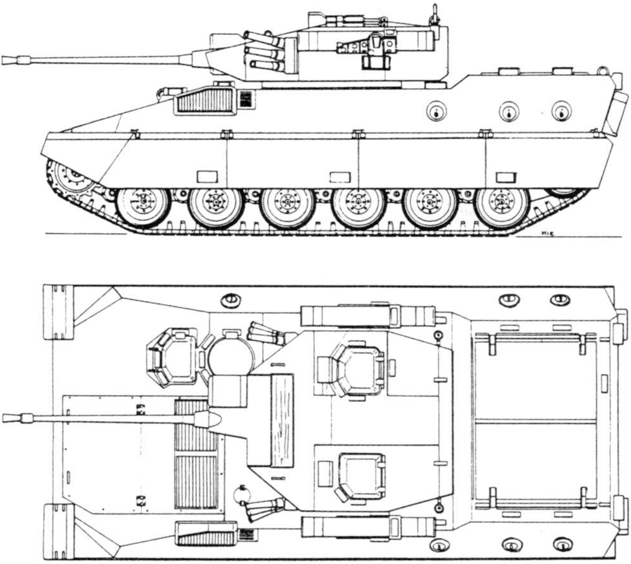

SPz TYP 88 (Soldat und Technik)

Heckansicht eines SPz TYP 88 während eines Feuerhalts auf der Gefechtsschießbahn. (The Tracks and Trucks of RI-KU-JI)

Schützenpanzer M-980

Der jugoslawische SPz M-980 ist mit einer 20 mm-BMK, einem 7,62 mm-TurmMG (beide in einer Schlitzblende) und dem PARS Sagger C bewaffnet. Die flache obere Bugplatte ist mit einem Schwallbrett versehen; die Besatzungsstände des Fahrers und des Kommandanten befinden sich vorn links, das Triebwerk rechts im Bug. Der hintere Kampfraum ist mit je drei Schießöffnungen und Winkelspiegeln sowie je einer Dachluke pro Fahrzeugseite ausgestattet. (Erkennungsblätter)

Der jugoslawische Schützenpanzer M-980 trat erstmals im Jahr 1975 als nationale Eigenproduktion in Erscheinung. Sein flacher, trapezförmiger 1-Mann-Turm ist mit einer 20 mm-Bordkanone (HS 804), einem 7,62 mm-MG rechts daneben (jeweils in einer Schlitzblende) und auf dem Turmdach mit auf zwei Startschienen lafettierten Panzerabwehr-Lenkflugkörpern vom Typ Sagger-C bewaffnet. Angetrieben wird der M-980 mit einem V8-Turbo-Dieselmotor mit einer Leistung von 280 PS. Das Fahrzeug ist schwimmfähig; der Antrieb im Wasser erfolgt ebenfalls durch die Gleisketten. Die Besatzung besteht aus Kommandant, Fahrer und acht Schützen; je drei Schießöffnungen befinden an beiden Wannenseiten. Seit 1984 gibt es eine leistungsgesteigerte Version mit der Bezeichnung BVP M80A. Dieses Fahrzeug ist 11 Zentimeter breiter und geringfügig schwerer. Es besitzt die gleiche Bewaffnung wie seine Vorgängerversion, lediglich ist das koaxiale MG über der BMK angeordnet und der Vorrat an mitgeführten Lenkflugkörpern von zwei auf vier erhöht. Anstelle des V8-Dieselmotors wurde ein 10-Zylinder-Dieselmotor eingebaut. Beide Fahrzeuge verfügen über eine kollektive ABC-Schutzbelüftungsanlage.

Technische Daten M-980

M-980
Verwendungszweck: Schützenpanzer; Herstellerland: Jugoslawien; Besatzung: 2 + 8; Gewicht: 12,0 t; Länge (Rohr 12 Uhr): 6,51 m; Breite: 2,89 m; Höhe: 2,24 m; Bodendruck: 0,64 kg/cm^2; Fahrbereich (Straße): 500 km; Motortyp: V8-Diesel; Motorleistung: 280 PS; Geschwindigkeit (Straße): 60 km/h; Bewaffnung: BMK 20 mm, 1 MG 7,62 mm; 2 PARS, Sagger-C

BVP M80A
Gewicht: 13,5 t; Länge (Rohr 12 Uhr): 6,42 m; Breite: 3,00 m; Höhe: 2,24 m; Bodendruck: ?; Fahrbereich (Straße): 500 km; Motortyp: 10-Zyl.-Diesel; Motorleistung: 320 PS; Geschwindigkeit (Straße): 58 km/h; Bewaffnung: BMK 20 mm, 1 MG 7,62 mm, 4 PARS, Sagger-C

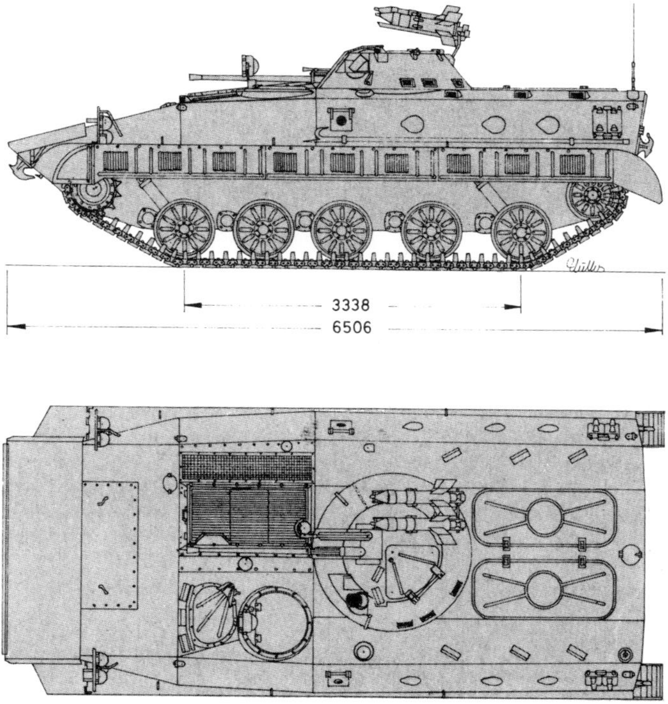

SPz M-980 (Erkennungsblätter)

Der BVP M80 (als Exportversion BVP M80A bezeichnet) ist eine Weiterentwicklung des M-980. Er ist etwas breiter und schwerer und erhielt anstelle des 280-PS-Dieselmotors einen 10-Zylinder-Dieselmotor mit einer Leistungsabgabe von 320 PS. (Erkennungsblätter)

Schützenpanzer YPR 765

Der überwiegend in den Niederlanden und in der Türkei im Einsatz befindliche SPz YPR-765 ist eine amerikanische Konstruktion auf der Basis des M113-Fahrgestells. Das in Lizenz in Belgien hergestellte Fahrzeug ist mit einer 25 mm-BMK (Oerlikon-Bührle) und einem achsparallelen 7,62 mm-MG bewaffnet. Der runde, zylindrische 1-Mann-Turm ist mit einer spitzen Blende und einem Scheinwerfer rechts neben der BMK ausgestattet. (Erkennungsblätter)

Rechts, Mitte: Heckansicht des YPR-765; gut erkennbar die große Heckklappe mit eingebauter Tür links, die überragenden Heckstaukästen und das links in der Blende eingebaute Koaxial-MG. Der Drehturm ist in Fahrtrichtung leicht nach rechts versetzt, die Seitenwände bis zur Hälfte senkrecht, auf der Höhe des hinteren Kampfraums jedoch stark abgeschrägt. (Erkennungsblätter)

Im Jahr 1967 stellte die amerikanische Firma Ordnance Division zwei Prototypen eines Schützenpanzers auf der Basis des weitverbreiteten Mannschaftstransportwagens M113 mit der Bezeichnung XM 765 her. Auf firmeneigener Initiative wurde 1970 ein verbessertes Fahrzeug vorgestellt. Acht Jahre später erhielt die niederländische Armee die ersten Fahrzeuge mit der Bezeichnung YPR 765. 1981 wurden weitere Fahrzeuge einschließlich einer Jagdpanzerversion mit PARS TOW für die Niederlande bestellt. Ein Jahr darauf begann die Serienproduktion in Belgien. 1989 bestellte die Türkei 1.698 Schützenpanzer dieses Typs. Das Fahrzeug basiert auf dem M113, weist jedoch zahlreiche Verbesserungen auf: Verdicktes Schwallbrett für die Wasserfahrt, im oberen Teil seitlich abgeschrägte, hintere Wannenseiten, Zusatzpanzerung aus mehrschichtigem Stahl, an beiden Seiten je zwei Schießöffnungen mit dazugehörigen Winkelspiegeln und einen 1-Mann-Turm mit 25 mm-BMK (Oerlikon-Bührle) mit Doppelgurtzuführung und links daneben lafettiertem 7,62 mm-MG. Eine Nachrüstung mit Wärmebildgeräten ist bei den Fahrzeugen der niederländischen Armee geplant. Vom YPR 765 gibt es unterschiedliche Versionen; vornehmlich wird er in der Türkei, in den Niederlanden und Belgien sowie in Südostasien eingesetzt.

Technische Daten YPR 765

Verwendungszweck: Schützenpanzer; Herstellerland: USA/Belgien; Besatzung: 2 + 8; Gewicht: 14,1 t; Länge (Rohr 12 Uhr): 5,26 m; Breite: 2,82 m; Höhe: 2,79 m; Bodendruck: ?; Fahrbereich (Straße): ?; Motortyp: Diesel; Motorleistung: 272 PS; Geschwindigkeit (Straße): 61 km/h; Bewaffnung: BMK 35 mm, 1 MG 7,62 mm

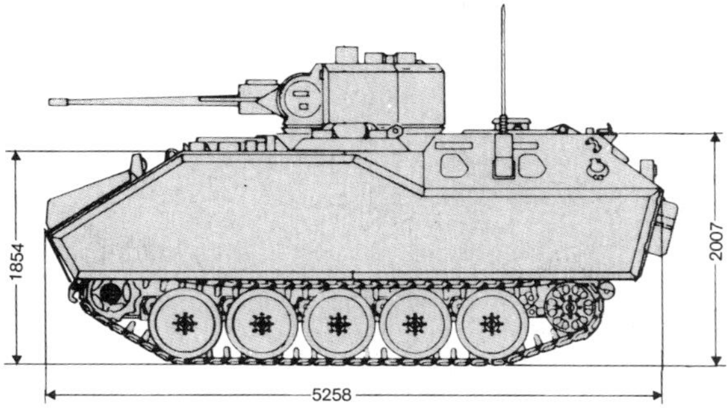

SPz YPR-765 (Erkennungsblätter)

Der schwimmfähige YPR-765 bewegt sich im Wasser bei stark eingeschränkter Manövrierfähigkeit ebenfalls durch Kettenantrieb. Die Höchstgeschwindigkeit im Wasser beträgt 6,4 km/h. Am Fahrzeugbug das beigeklappte Schwallbrett für die Wasserfahrt. (Erkennungsblätter)

Schützenpanzer 4K

Der österreichische SPz 4K4FA-G1 ist mit einer 20 mm-BMK bewaffnet. Angetrieben wird er durch einen V8-Dieselmotor mit einer Leistung von 200 PS. Der runde 1-Mann-Turm ist an der Vorderseite abgeschrägt und besitzt eine spitze Blende. Das Laufwerk besteht aus fünf Lauf- und zwei Stützrollen, das Triebrad befindet sich vorn. Der niedrige Aufbau hat allseitig abgeschrägte Flächen; im überhängenden Heck befinden sich eine Doppeltür. Der aufgesessene Kampf kann aus zwei großen Dachluken geführt werden. (Erkennungsblätter)

Rechts, Mitte: Ebenfalls ein SPz 4K4FA-G1 des österreichischen Bundesheeres. Auffällig die abgeschrägte Turmfront mit der herausragenden, spitz zulaufenden Blende. (Soldat und Technik)

1956 wurde der erste Prototyp eines österrreichischen gepanzerten Mannschaftstransportwagens nach dem Zweiten Weltkrieg von der Firma Sauer vorgestellt. 1960 wurde zunächst die Version 4K4F mit einem 8-Zylinder-V-Motor eingeführt. 1968 erhielt das österreichische Heer schließlich den mit einer 20 mm-BMK in einem 1-Mann-Turm ausgerüsteten Schützenpanzer 4K4FA-G1. Ab 1970 begann die Produktion der Modellreihe 4K3FA, bei der alle Varianten mit einem 6-Zylinder-Reihenmotor mit geringeren Volumen ausgestattet wurden. Die Schützenpanzer-Version 4K3FA-G2 ist mit der gleichen Bewaffnung wie die vorangegangene Ausführung 4K4FA-G1 ausgerüstet. Auf der Basis des Fahrzeugs 4K entstanden neben dem Schützenpanzer eine ganze Reihe von Familienfahrzeugen, wie Mannschaftstransport-, Sanitäts-, Führungs-, Berge-, Jagdpanzer sowie ein Trägerfahrzeug für Granatwerfer. Ab 1979 begann die Serienproduktion der Modellreihe 4K7FA, die u.a. mit einer verlängerten Wanne und einem leistungsstärkeren Motor ausgerüstet ist. Die Fahrzeuge der 4K-Familie stehen in Österreich, Griechenland, Bolivien und Nigeria im Truppengebrauch.

Technische Daten 4K4FA-G1, 4K3FA-G2

Verwendungszweck: Schützenpanzer; Herstellerland: Österreich; Besatzung: 2 + 8; Gewicht: 4K4FA-G1: 12,2 t, 4K3FA-G2: 15,0 t; Länge (Rohr 12 Uhr): 4K4FA-G1: 5,35 m, 4K3FA-G2: 5,40 m; Breite: 2,50 m; Höhe: 4K4FA-G1: 1,65 m, 4K3FA-G2: ?; Bodendruck: 4K4FA-G1: 0,50 kg/cm^2, 4K3FA-G2: ?; Fahrbereich (Straße: 4K4FA-G1: 350 km, 4K3FA-G2: ?; Motortyp: 4K4FA-G1: V8-Diesel, 4K3FA-G2: 6-Zyl.-Diesel; Motorleistung: 4K4FA-G1: 200 PS, 4K3FA-G2: 250 PS; Geschwindigkeit: 4K4FA-G1: 60 km/h, 4K3FA-G2: ?; Bewaffnung: BMK 20 mm

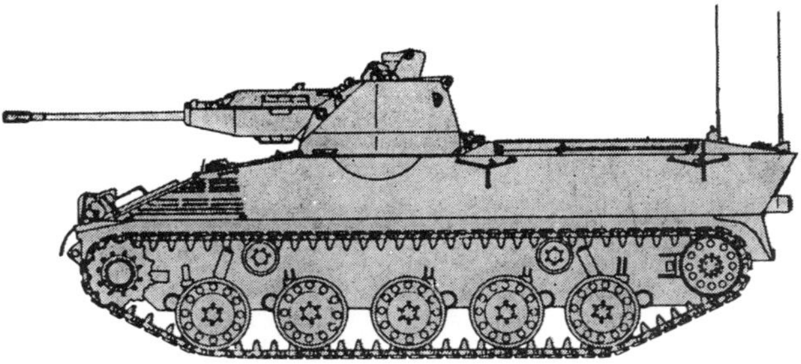

SPz 4K3FA-G2 mit 250-PS-Dieselmotor (Erkennungsblätter)

Prototyp des SPz 4K7FA mit britischer 30 mm-BMK Rarden L 21. (Soldat und Technik)

Schützenpanzer CV 90

Die erste Auslieferung des neuen schwedischen SPz CV 90 soll im Oktober 1993 beginnen. Vom CV 90 werden zwei Versionen gebaut. Beide werden einen ähnlichen Turm besitzen. Während die Version »G« mit einem rechnergestützten Feuerleitsystem von Bofors einschließlich integriertem Laser-Entfernungsmesser ausgestattet ist, fehlen in der »abgespeckten« Version »L« diese Systembauteile. Zur Familie des Schützenpanzers gehören mit identischen Fahrgestellen ein FlakPz, ein Artilleriebeobachtungspanzer, ein Mörserträger, ein Führungspanzer und ein Bergepanzer. (Soldat und Technik)

1984 begann die Entwicklungsarbeit an der neuen schwedischen Kampffahrzeugfamilie bei den Firmen Hägglunds & Söner (Fahrgestelle) und Bofors (Türme und Bewaffnung). HB Development AB koordinierte die Arbeiten beider Firmengruppen. Ein Jahr später wurde der Vertrag zur Herstellung von fünf Prototypfahrzeugen mit einer 40 mm-BMK abgeschlossen. 1988 wurde schließlich der Vertrag zur Entwicklung weiterer Familienfahrzeuge unterschrieben. Der Beginn der Serienproduktion wird ab 1994 erwartet. Neben dem Schützenpanzer (40 mm-BMK) sind weitere fünf Familienfahrzeuge anderer Zweckbestimmung in Planung. Der Turm des Schützenpanzers wird eine elektro-hydraulische Richtanlage erhalten; eine Stabilisierung ist nicht vorgesehen. Die 40 mm-BMK/L70 mit einem neuartigen 24-Schuß-Magazin stammt von Bofors. Als Sekundärbewaffnung besitzt der SPz CV 90 ein koaxiales Maschinengewehr an der rechten Turmseite. Ebenfalls eingebaut ist das Hauptzielgerät mit integriertem Restlichtverstärker und Laser-Entfernungsmesser. Als Antrieb kommt der handelsübliche LKW-Diesel-Motor mit Abgasturboaufladung DS 14 von Scania sowie ein ebenfalls handelsübliches 5-Gang-Automatikgetriebe zum Einbau.

Technische Daten SPz CV 90

Verwendungszweck: Schützenpanzer; Herstellerland: Schweden; Besatzung: 3 + 8; Gewicht: 22,0 t; Länge (Rohr 12 Uhr): 6,40 m; Breite: 3,10 m; Höhe: 2,50 m; Bodendruck: 0,48 kg/cm^2; Fahrbereich (Straße): 300 km; Motortyp: Diesel; Motorleistung: 554 PS; Geschwindigkeit (Straße): 70 km/h; Bewaffnung: BMK 40 mm, 1 MG 7,62 mm, PARS (?)

Prototyp der Version »G« des CV 90 (in Schweden PbvG benannt) mit großem Ausblickkopf des Hauptzielgerätes (mit passivem Restlichtverstärker und Laser-Entfernungsmesser) auf dem Turmdach. Aus Gewichts-, Panzerungs- und Raumausnutzungsgründen wurde auf den Einbau von Kugelblenden verzichtet. Außergewöhnlich ist die Lafettierung des achsparallelen MG an der rechten Turmseite. (Soldat und Technik)

Prototyp des PbvL, der einfacheren Version des CV 90. Aufgrund seines extrem niedrigen spezifischen Bodendrucks von lediglich 0,48 kg/cm^2 kann der CV 90 auch unter schwierigen Bodenbedingungen, wie Schnee, Sumpf und weicher Boden eingesetzt werden. (Soldat und Technik)

Schützenpanzer M2 BRADLEY

SPz M2 A1 mit aufgerichtetem Abschußbehälter für die LFK TOW 2.

1964 wurde die Notwendigkeit der Ablösung des Mannschaftstransportwagens M113 durch einen richtigen Schützenpanzer in der amerikanischen Armee erkannt. Doch nach einigen zwischenzeitlich aufgegebenen Projekten wurde erst 1973 der Entwicklungsauftrag auf der Basis des XM723-Projektes an die Food Machinery Corporation vergeben. Fünf Jahre später wurden zwei Prototypfahrzeuge mit der Bezeichnung XM2 vorgestellt. 1981 begann die Serienproduktion des Schützenpanzers M2 und seines Schwesterfahrzeugs, dem Spähpanzer M3. Der M2 ist mit einer 25 mm-BMK mit Doppelgurtzuführung, einem koaxialen 7,62 mm-MG im 2-Mann-Turm und mit zwei Startbehältern für den Lenkflugkörper TOW — aufklappbar an der linken Turmseite — bewaffnet. Der Richtschütze verfügt über eine kombinierte Tages- und Nachtsichtoptik (Wärmebildgerät) mit einem Übertragungskanal zum Kommandanten. Auf beiden Wannenseiten sind je zwei Kugelblenden für 5,56 mm-Maschinenpistolen vorhanden. Das Fahrzeug wird durch einen V8-Dieselmotor mit einem automatischen Getriebe angetrieben. Ab 1985 wurde die leistungsgesteigerte Version M2 A1 an die US-Army ausgeliefert. Sie verschießt nun den durchschlagkräftigeren Lenkflugkörper TOW 2, besitzt eine kollektive ABC-Schutzbelüftungsanlage für Fahrer, Richtschützen und Kommandanten und verfügt über Winkelspiegel an der hinteren, großen Dachluke. Ferner wurde der Wannenboden gegen Minendetonationen besser geschützt und eine automatische Sicherung für die BMK bei geöffneten Luken eingebaut. Ab 1988 kam die nochmals leistungsgesteigerte Version M2 A2 zur Auslieferung. Sie besitzt einen besseren Panzerschutz und geänderte Schutzvorrichtungen sowohl für Kraftstoff- und Munitionsbehältnisse als auch für einsatzwichtige Betriebskomponenten. Zusätzlich wurde die Motorleistung und die Federung verbessert; die Kugelblenden an den Wannenseiten entfielen; die Anzahl der mitgeführten Soldaten des Schützentrupps verminderte sich von sieben auf sechs. Ab 1995 ist die Produktion des M2 mit einer 40-50 mm-BMK, einem PARS neuer Generation und anderen Verbesserungen geplant.

Technische Daten M2

M2
Verwendungszweck: Schützenpanzer; Herstellerland: USA; Besatzung: 3 + 7; Gewicht: 21,2 t; Länge (Rohr 12 Uhr): 6,45 m; Breite: 3,20 m; Höhe: 2,97 m; Bodendruck: 0,52 kg/cm^2; Fahrbereich (Straße): 483 km; Motortyp: Diesel; Motorleistung: 500 PS; Geschwindigkeit (Straße): 66 km/h; Bewaffnung: BK 25 mm, 1 MG 7,62 mm, PARS TOW

M2 A1
Gewicht: 22,6 t; Bodendruck: 0,53 kg/cm^2; Bewaffnung: wie M2, jedoch PARS TOW 2

M2 A2
Besatzung: 3 + 6; Gewicht: 27,2 t; Länge (Rohr 12 Uhr): 6,55 m; Breite: 3,20 m; Höhe: 2,97 m; Bodendruck: ?; Fahrbereich (Straße): ?; Motortyp: Diesel; Motorleistung: 608 PS; Geschwindigkeit (Straße): 61 km/h; Bewaffnung: wie M2 A1

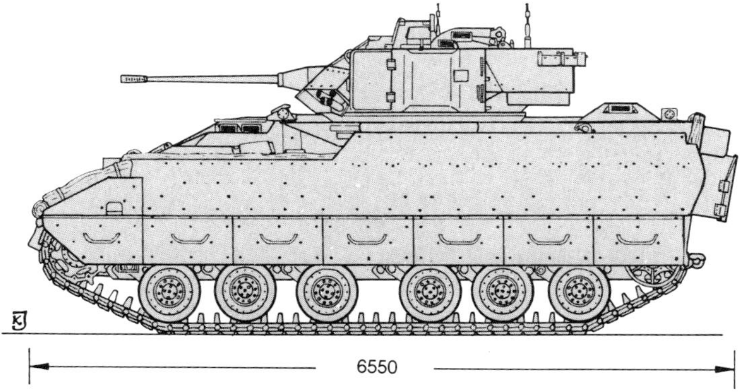

SPz M2 A2 (Erkennungsblätter)

SPz M2 A2 mit Stahl-Abstandspanzerung und Splitterschutzauskleidung im Kampfraum. (Erkennungsblätter)

Jagdpanzer JAGUAR

Der JPz JAGUAR 1 der deutschen Bundeswehr ist mit dem PARS HOT-2 (Kampfentfernung bis 4.000 m) und einem 7,62 mm-MG bewaffnet. Aus der Kuppel herausschauend der Kommandant, davor sitzt der Ladeschütze, unter dem Periskop in Fahrzeugmitte ist der Platz des Lenkschützen, der Fahrerstand befindet sich in Fahrtrichtung links vorn. (Das Waffen-Arsenal)

1965 begann in Deutschland die Serienproduktion von 750 Jagdpanzern Kanone. Zwei Jahre später erfolgte die Auslieferung von 370 Jagdpanzern Rakete mit dem PARS SS11. Im Jahr 1972 bestellte Belgien eine verbesserte Version des JPz Kanone. Zwei Jahre darauf wurden durch die Firmen Thyssen Henschel und MBB Konzeptstudien zur Integration des PARS HOT unternommen. Ausgewählt wurde das Konzept K3S von MBB. 1978 erfolgte schließlich die Umrüstung von 316 Fahrzeugen der bislang im Truppengebrauch befindlichen Jagdpanzer auf das PARS HOT. Die neuen JPz erhielten die Bezeichnung JPz JAGUAR 1. Parallel dazu wurden Prototypfahrzeuge mit dem integrierten PARS TOW erprobt. Im Zeitraum 1983 bis 1985 wurden weitere 162 Jagdpanzer auf das PARS TOW umgerüstet; sie erhielten die Bezeichnung JPz JAGUAR 2. Die Masse der verbliebenen alten JPz Kanone wurden durch Ausbau der 90 mm-BK zum Beobachtungs- und Führungspanzer umgewandelt: einige Fahrzeuge verblieben im alten Rüststand in Reserveeinheiten. Der JAGUAR 1 verschießt drahtgelenkte LFK HOT-2 bis zu einer Kampfentfernung von 4.000 m. Als Sekundärbewaffnung ist ein 7,62 mm-MG an der Kommandantenluke lafettiert. Der zylinderförmige Ausblickkopf des Tageslicht-Lenkschützenperiskops befindet sich in der Mitte des vorderen Wannendachs. Das Kommandantenperiskop befindet sich hinter der Kommandantenluke rechts auf dem Wannendach. Die Nachrüstung einer integrierten Tages-/Nachtsichtoptik mit Wärmebildgerät zur Befähigung für den Nachtkampf ist ab 1992 geplant. Das rotierende Bereitschaftsmagazin nimmt acht LFK auf und erlaubt das automatische Nachladen auch unter ABC-Schutz. Insgesamt verfügt der JAGUAR 1 über eine Kampfbeladung von zwanzig LFK HOT-2. Der Jaguar 2 besitzt eine hydraulisch ausfahrbare Waffenanlage für den LFK TOW; ferner ist auch er mit einem 7,62 mm-MG an der Kommandantenluke ausgerüstet. Auf dem Kampfraumdach befinden sich beiderseits ausfahrbare Rundblickperiskope für den Lenkschützen und den Kommandanten. Mit dem Wärmebildgerät AN/TAS-4A ist der Kampf auch bei Nacht bis zu einer Reichweite von maximal 3.000 m möglich. Die Kampfbeladung umfaßt sechzehn LFK TOW. Beide Fahrzeuge sind mit einer Zusatzpanzerung im vorderen Wannenbereich ausgestattet.

Technische Daten JAGUAR 1, JAGUAR 2

Verwendungszweck: Jagdpanzer; Herstellerland: Deutschland; Besatzung: 4; Gewicht: JAGUAR 1: 25,5 t, JAGUAR 2: 25,0 t; Länge (Rohr 12 Uhr): 6,61 m; Breite: 3,12 m; Höhe: JAGUAR 1: 2,55 m, JAGUAR 2: 2,06 m (ohne WA); Bodendruck: 0,70 kg/cm^2; Fahrbereich (Straße): 400 km; Motortyp: Diesel; Motorleistung: 500 PS; Geschwindigkeit (Straße): 70 km/h; Bewaffnung: JAGUAR 1: PARS HOT-2 (20 LFK), 1 MG 7,62 mm, JAGUAR 2: PARS TOW (16 LFK), 1 MG 7,62 mm

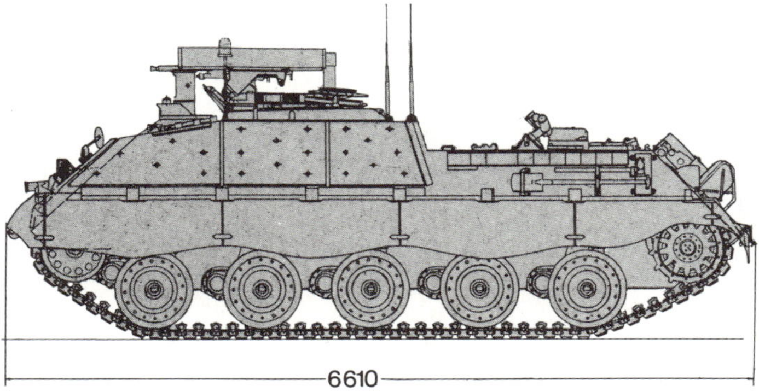

JPz JAGUAR 1 (Erkennungsblätter)

JPz JAGUAR 2 mit ausgefahrener Waffenanlage für den LFK TOW-2 (Kampfentfernung 3.000 m). Gut erkennbar die beiden Persikope für den Kommandanten und den Lenkschützen, die adaptierte Zusatzpanzerung im vorderen Wannenbereich und die acht Nebelwurfbecher auf der oberen Bugplatte.
(Das Waffen-Arsenal)

Jagdpanzer VCAC HOT Mephisto

Der französische JPz VCAC HOT Mephisto ist mit einer aufrichtbaren Waffenanlage mit vier Startrohren für den LFK HOT-2 ausgestattet. Weitere acht LFK werden als Kampfbeladung im Inneren mitgeführt. (Erkennungsblätter)

Rechts oben: Prinzipskizze, die die Anordnung der Waffenanlage des Mephisto verdeutlicht: Der Platz des Lenkschützen ist in der Fahrzeugmitte, die Waffenanlage kann von innen aufgerichtet und um 36° geschwenkt werden; auf der Drehachse das Lenkschützenperiskop. (Erkennungsblätter)

1967 begann in Frankreich die Entwicklung eines gepanzerten Mehrzweckfahrzeuges. Sechs Jahre später wurde als Ergebnis von Vergleichserprobungen der 4x4- und 6x6-Fahrzeuge die in Konkurrenz zur Firma Panhard stehenden Prototypfahrzeuge der Firmengruppe Saviem/Renault ausgewählt. 1976 wurden die ersten 4-Rad-Fahrzeuge mit der Bezeichnung VAB (Vehicule de l'Avant Blinde) der französischen Armee übergeben; eine 6-Rad-Version folgte wenig später. Beide Fahrzeugvarianten werden als Trägerfahrzeuge für eine große Anzahl von Gefechtsfahrzeugen weltweit verwendet. 1985 übernahm das französische Heer 135 JPz VCAC HOT Mephisto. Das schwimmfähige 4-Rad-Fahrzeug ist mit einem 2x2 Abschußbehälter, der heb- und senkbar im Kampfraum untergebracht ist, ausgerüstet. Vier LFK HOT-2 befinden sich startfähig im drehbaren Abschußbehälter, acht weitere LFK werden Kampfraum als nachladbare Reserve mitgeführt. Der Ausblick des Lenkschützen-Periskop sitzt auf der drehbaren Senkrechtachse des 2x2 Abschußbehälters zwischen beiden Zwillingsstartbehältern. Das VCAC (Vehicule de Combat Anti-Chars) wird durch einen 230-PS-6-Zylinder-Dieselmotor und ein halbautomatisches Getriebe mit fünf Vorwärts- und einem Rückwärtsgang angetrieben. Eine ABC-Schutzbelüftungsanlage ist eingebaut.

Technische Daten VCAC HOT Mephisto

Verwendungszweck: Jagdpanzer; Herstellerland: Frankreich; Besatzung: 3; Gewicht: 13,0 t; Länge: 5,98 m; Breite: 2,49 m; Höhe: 2,06 m (Kampfraumdach); Fahrbereich (Straße): 770 km; Motortyp: Diesel; Motorleistung: 230 PS; Geschwindigkeit (Straße): 92 km/h; Bewaffnung: PARS HOT-2 (12 LFK)

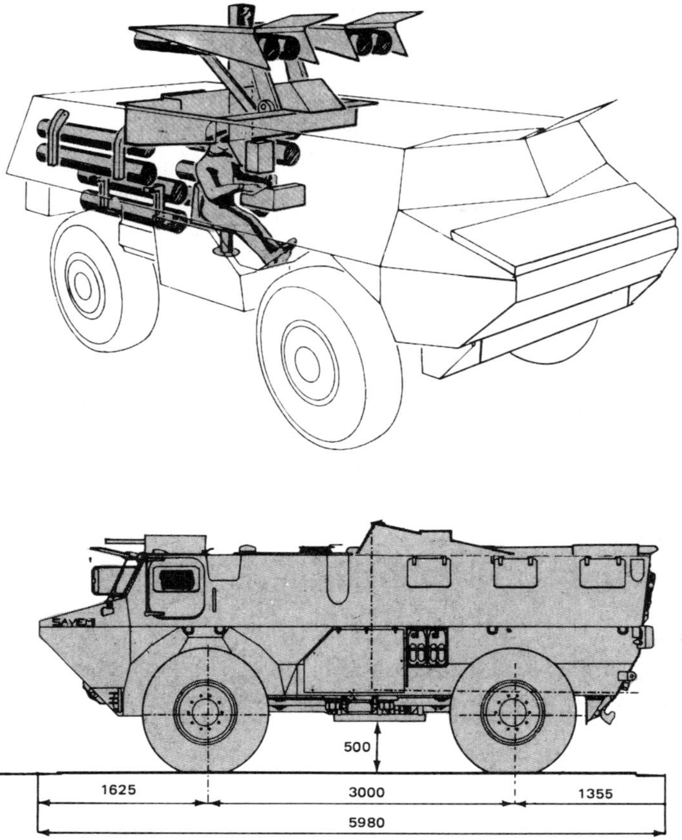

JPz VCAC HOT Mephisto (Erkennungsblätter)

Mephisto mit abgesenkter Waffenanlage. (Erkennungsblätter)

Jagdpanzer CVR-T

Der britische JPz STRIKER ist mit dem PARS Swingfire und einem 7,62 mm-MG bewaffnet. In seinem aufrichtbaren Abschußbehälter trägt er fünf LFK. Insgesamt zehn PzAbwLFK, 3.000 Schuß MG-Munition und 18 Leuchtkörper führt er als Kampfbeladung mit. Das Laufwerk besteht aus fünf Laufrollen, Stützrollen sind nicht vorhanden, das Triebrad ist vorn. Flache, schräge Front mit Kühl- und Abluftgrätings und Fahrerplatz links vor der zylindrischen Kommandantenkuppel. Am Bug sind in zwei Gruppen jeweils vier Nebelwurfbecher angeordnet. Er besitzt senkrechte, übergreifende Wände, am Heck befindet sich ein Zugang mit kleinem Fenster zum Kampfraum. (Erkennungsblätter)

Die beiden JPz STRIKER und SPARTAN sind wie die SpähPz SCORPION und SCIMITAR Fahrzeuge der CVR-T-Familie. Im Jahr 1975 wurde der mit dem PARS SWINGFIRE ausgerüstete STRIKER bei der britischen Armee eingeführt. Der am Fahrzeugheck aufrichtbare Abschußbehälter enthält fünf LFK Swingfire, weitere fünf LFK werden im Kampfraum mitgeführt. An der Kommandantenkuppel befindet sich als Sekundärbewaffnung ein 7,62 mm-MG. Die Nachtkampffähigkeit wird durch den Einsatz der zwei Leuchtkörperwerfer auf der Oberseite des Abschußbehälters bedingt erreicht. Außerhalb der britischen Armee ist der JPz STRIKER bei den belgischen Streitkräften im Einsatz.
Der JPz SPARTAN-MCT (Milan Compact Turret) ist in der britischen Rheinarmee (BAOR) seit 1985 im Einsatz. Oberhalb eines kastenförmigen Aufbaus auf dem hinteren Kampfraumdach wird der LFK MILAN von einer kegelförmigen Zwillings-Drehlafette aus Startrohren heraus abgefeuert; weitere neun LFK werden im Kampfraum aufbewahrt. Wie beim JPz STRIKER verfügt der Kommandant über ein 7,62 mm-MG. Beide Fahrzeuge werden durch einen turboaufgeladenen 200-PS-V8-Dieselmotor (Perkins T6-3544) angetrieben.

Technische Daten STRIKER, SPARTAN-MCT

Verwendungszweck: Jagdpanzer; Herstellerland: Großbritannien; Besatzung: 3; Gewicht: STRIKER: 8,2 t, SPARTAN-MCT: 8,5 t; Länge: STRIKER: 4,76 m, SPARTAN-MCT: 5,12 m; Breite: STRIKER: 2,18 m, SPARTAN-MCT: 2,24 m; Höhe: STRIKER: 2,21 m, SPARTAN-MCT: 3,19 m; Bodendruck: ?; Fahrbereich (Straße): 480 km; Motortyp: Diesel; Motorleistung: 200 PS; Geschwindigkeit (Straße): 80 km/h; Bewaffnung: STRIKER: PARS SWINGFIRE (10 LFK), 1 MG 7,62 mm, SPARTAN-MCT: PARS MILAN (11 LFK), 1 MG 7,62 mm

Röntgenskizze des JPz STRIKER (Erkennungsblätter)

Der JPz SPARTAN-MCT nutzt das gleiche Fahrgestell der CVR-T-Familie wie der JPz STRIKER. Er ist mit dem PARS Milan und einem 7,62 mm-MG bewaffnet. Auf der Bugschräge beiderseits je vier Nebelwurfbecher, jedoch in höhenversetzten Gruppen. Am linken oberen Rand befindet sich die Fahrerluke. Auf dem Wannendach vorn die Kommandantenluke mit Winkelspiegeln und aufgesetzter Visieroptik; dahinter ein kastenförmiger Aufbau mit einer kegelförmigen Zwillingsdrehlafette für den LFK Milan. Wie bei allen Fahrzeugen der CVR-T-Familie wird das Auspuffrohr an der rechten oberen Wannenseite entlanggeführt. (Erkennungsblätter)

Jagdpanzer BRDM-2

Der JPz BRDM-2 SAGGER ist eine Abart des Spähpanzers BRDM-2, jedoch ohne den 14,5 mm-Drehturm. Er besitzt einen seitlichen Erker in Fahrzeugmitte und eine flache Dachplatte, die mit der Abschußvorrichtung für sechs LFK SAGGER angehoben werden kann. Die Reichweite des LFK SAGGER ist vergleichbar mit dem LFK Milan — ca. 2.000 m. Seine Lenkoptik ist an der Oberkante rechts vorn eingebaut. In Fahrzeugmitte können pro Fahrzeugseite zwei zusätzliche Hilfsräder abgesenkt werden. Das Fahrzeug erreicht auf dem Land eine Geschwindigkeit von 90 km/h, im Wasser 10 km/h. (Erkennungsblätter)

Das erste sowjetische PARS AT-1A SNAPPER — ein Nachbau der deutschen X-7-PzAbwRak — erschien 1955 zunächst auf einem GAZ-69-LKW, später auf dem gepanzerten Mehrzweck-Radfahrzeug BRDM-1. 1960 folgte das PARS AT-2 SWATTER ebenfalls auf BRDM-1. Ein Jahr später wurde das PARS AT-3 SAGGER auf BRDM-1 eingeführt. Ein verbessertes PARS-AT-2B SWATTER B wurde ab 1968 zunächst auf dem BRDM-1, später auf dem BRDM-2 verwendet. Als moderne Panzerabwehrsysteme können jedoch erst die PARS AT-3C SAGGER C (1969) und AT-5 SPANDREL (1974) — beide auf BRDM 2 — bezeichnet werden. Der JPz BRDM-2 SAGGER hat eine ausfahrbare Abschußvorrichtung mit sechs LFK unterhalb einer großen Panzerplatte. Der drahtgelenkte LFK SAGGER C hat eine Kampfentfernung von 500 - 3.000 m. Der JPz BRDM-2 SPANDREL besitzt für die Abschußvorrichtung keinen Panzerschutz; seine LFK befinden sich in fünf parallel nebeneinander liegenden Abschußrohren. Der ebenfalls drahtgelenkte LFK SPANDREL hat eine Kampfentfernung von 100 - 4.000 m. Das Trägerfahrzeug BRDM-2 wird durch einen 140-PS-V8-Ottomotor und ein Schaltgetriebe mit vier Vorwärts- und einem Rückwärtsgang angetrieben. Das Fahrzeug ist schwimmfähig und bewegt sich im Wasser mit zwei Wasserstrahldüsen. Eine ABC-Schutzbelüftungsanlage ist eingebaut.

Technische Daten BRDM 2 SAGGER, SPANDREL

Verwendungszweck: Jagdpanzer; Herstellerland: Sowjetunion/GUS; Besatzung: 2; Gewicht: 7,0 t; Länge: 5,75 m; Breite: 2,35 m; Höhe: SAGGER: 2,31 m, SPANDREL: 2,68 m; Fahrbereich (Straße): 750 km; Motortyp: Otto; Motorleistung: 140 PS; Geschwindigkeit: 100 km/h; Bewaffnung: SAGGER: PARS AT-3C SAGGER C (? LFK), SPANDREL: PARS AT-5 SPANDREL (15 LFK)

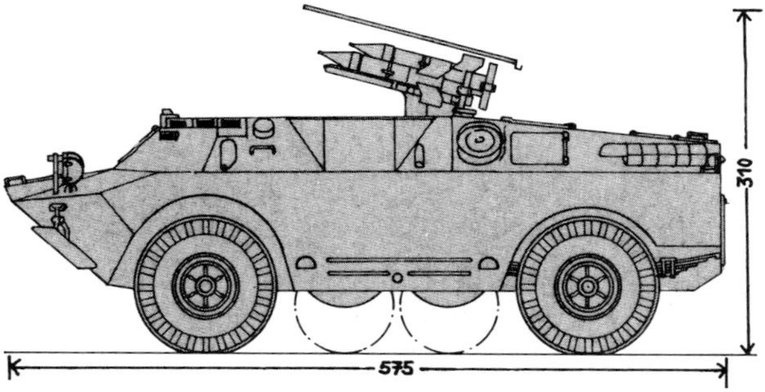

JPz BRDM-2 SAGGER (Erkennungsblätter)

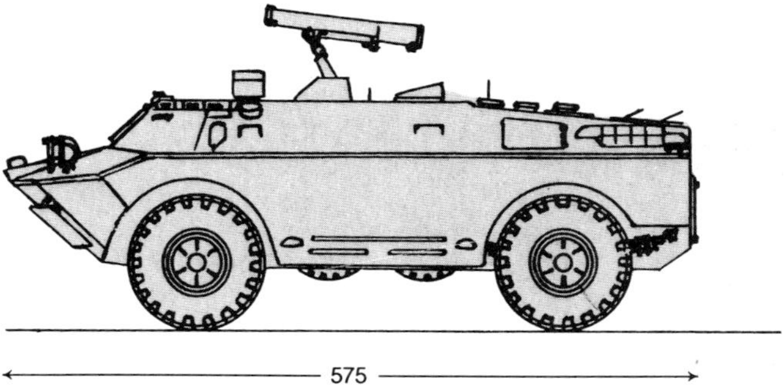

JPz BRDM-2 SPRANDEL (Erkennungsblätter)

Der JPz BRDM-2 SPRANDEL hat nahezu das gleiche Fahrgestell, unterscheidet sich jedoch augenfällig durch seine völlig anders konfigurierte Waffenanlage. Ihre fünf nebeneinander liegenden Transport- und Abschußrohre befinden sich auf einem schwenk- und richtbaren Abschußgestell. (Erkennungsblätter)

Jagdpanzer CENTAURO B-1

**Der neue italienische JPz CENTAURO B-1 wird in einer Stückzahl von 200 Fahrzeugen beschafft. Er ist mit einer 105 mm-Zugrohrkanone, einem achsparallelen und einem FlaMG — beide mit Kaliber 7,62 mm — bewaffnet. Er ist der kampfkräftigste Radpanzer im Truppengebrauch. Der Einbau der 105 mm-BK war technisch nur durch die dreifache Verlängerung des Rohrrücklaufweges in Kombination mit einer hocheffektiven Mündungsbremse möglich. Neben hydropneumatischen Federbeinen für die Einzelradaufhängungen ist er mit einer Reifendruckregelanlage ausgestattet. Die Antriebs- und Lenkwahlschaltung ermöglicht Sechsradantrieb und Vierradlenkung, Sechsradantrieb und Sechsradlenkung (zusätzlich hinteres Räderpaar) oder Achtradantrieb und Sechsradlenkung.
(Soldat und Technik)**

1982 stellte das italienische Heer die militärische Forderung auf Einführung eines Radpanzers zur Unterstützung der Infanterie und zur Abwehr von Luftlandungen und amphibischen Landungsunternehmen. Nachdem OTO Melara zusammen mit Fiat Versuche auf einem gepanzerten 6x6 Radfahrgestell mit einer 90 mm-BK unternommen hatte, wurde 1984 bei den taktischen Forderungen die volle Panzerabwehrfähigkeit verlangt, die nunmehr eine 105 mm-BK auf einem 8x8 Fahrgestell erforderlich machte. Drei Jahre später wurde der erste Prototyp mit der Bezeichnung CENTAURO B-1 vorgeführt. Im Jahr 1990 wurden die ersten sieben Vorserienfahrzeuge ausgeliefert. Insgesamt ist eine Beschaffung von 200 Fahrzeugen für das italienische Heer geplant. Der CENTAURO B-1 ist mit einer 105 mm-Hochdruckkanone, einem koaxialen 7,62 mm-MG im 3-Mann-Turm und einem 7,62 mm-FlaMG ausgerüstet. Neben einem Feuerleitrechner verfügt das Fahrzeug über ein Tag/Nacht primärstabilisiertes Panorama-Periskop für den Kommandanten, ein Tag/Nacht sekundärstabilisiertes Zielfernrohr für den Richtschützen und über ein Laser-Entfernungsmesser. Angetrieben wird der CENTAURO durch ein 520-PS-V6-Turbodieselmotor gekoppelt mit einem ZF-Automatikgetriebe. Zur Erhöhung der Überlebensfähigkeit ist er mit einer ABC-Schutzbelüftungs-, einer Klima- sowie mit einer Explosions- und Feuerunterdrückungsanlage ausgestattet.

Technische Daten CENTAURO B-1

Verwendungszweck: Jagdpanzer; Herstellerland: Italien; Besatzung: 4; Gewicht: 24,0 t; Länge (Rohr 12 Uhr): 8,56 m; Breite: 2,95 m; Höhe: 2,71 m; Fahrbereich (Straße): 800 km; Motortyp: Diesel; Motorleistung: 520 PS; Geschwindigkeit (Straße): 108 km; Bewaffnung: BK 105 mm, 1 MG 7,62 mm, 1 FlaMG 7,62 mm

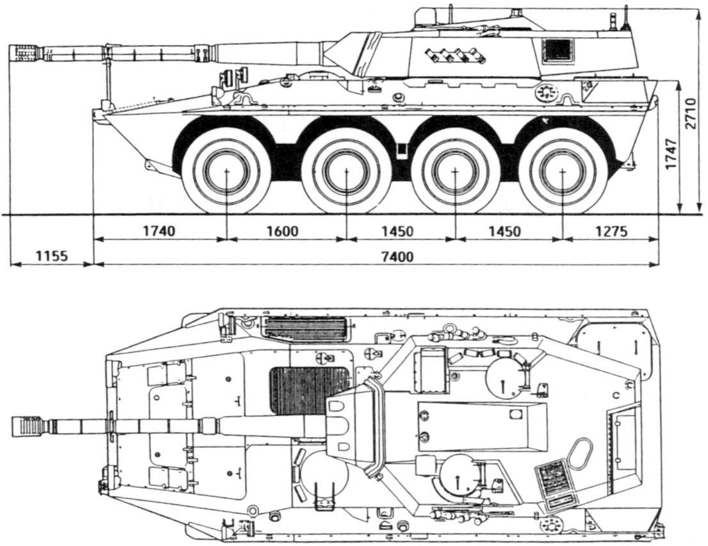

JPz CENTAURO B-1 (Soldat und Technik)

Das rechnergestützte Feuerleitsystem und die integrierten Tag-/Nachtoptiken mit Laser-Entfernungsmesser gewährleisten eine hohe Treffwahrscheinlichkeit. Als Kampfbeladung werden 40 105 mm-Patronen mitgeführt. Der Kampfraum ist auch durch eine große Hecktür zugänglich. (Tanks of the world)

Jagdpanzer M113 A2/TUA

Der kanadische JPz M113 A2/TUA basiert auf dem Laufwerk und der Wanne des US-Mannschaftstransportwagens M113 A2. Er besitzt ein Laufwerk mit fünf Laufrollen; das Triebrad ist vorn. Unter der schrägen Bugplatte ist der 279-PS-Dieselmotor eingebaut. Die hohe Wanne ist kastenförmig mit leicht ausgewinkeltem Heck. Am Heck beiderseits trapezförmige, gepanzerte Betriebsstoffbehälter. Der auf der Wannendachmitte eingebaute, gepanzerte Lenkschützenturm ist leicht nach links versetzt. An den Turmseiten je ein vertikal schwenkbarer Startbehälter für den LFK TOW (Reichweite ca. 3.000 m). Im Turmdach die Lenkschützenluke, an der Turmfront die Beobachtungs- und Visieroptiken, am Turmheck drei nebeneinander liegende Nebelwurfbecher jeweils in zwei Reihen gruppiert. (Erkennungsblätter)

Die Entwicklung des amerikanischen Rüstsatzträgers M113 begann im Jahr 1956, als der Aluminium-Prototyp den Vorzug vor der Stahl-Version erhielt. Nachdem 1960 die Serienproduktion als MTW M113 anlief, wurde dieses vielseitig verwendete Fahrzeug häufig modifiziert. So wurde beispielsweise der ursprüngliche 209-PS-V8-Ottomotor (Chrysler) in der Ausführung M113 A1 gegen den 215-PS-Dieselmotor (GMC Detroit) ausgewechselt (1963). In der Ausführung M113 A2 erhielt das Fahrzeug ab 1979 ein verbessertes Kühl- und Federungssystem. Viele bis dahin im Einsatz befindlichen Familienfahrzeuge wurden auf den Stand des A1 oder A2 nachgerüstet. 1987 begann schließlich die Produktion der Ausführung M113 A3, bei der u.a. wiederum ein stärkerer Dieselmotor mit 279 PS Leistung und ein neues X-200-4-Getriebe zum Einbau gelangte. Auf der Basis des A2, jedoch mit dem leistungsstärkeren Triebwerk des A3 wurden die Trägerfahrzeuge für den kanadischen Jagdpanzer M113 A2/TUA nachgerüstet. Als Lafettierung für die Waffenanlage PARS TOW wurden durch Kanada 64 Türme der norwegischen Konstruktion TUA (TOW Under Armour) in Lizenz hergestellt und in das Trägerfahrzeug integriert. Der JPz M113 A2/TUA verfügt über zwei Starter für den PzAbwLFK TOW. Weitere zehn LFK werden im Kampfraum mitgeführt.

Technische Daten M113 A2/TUA

Verwendungszweck: Jagdpanzer; Herstellerland: Kanada; Besatzung: 4; Gewicht: 14,3 t; Länge: 5,31 m; Breite: 2,69 m; Höhe: 3,02 m; Bodendruck: ?; Fahrbereich (Straße): 420 km; Motortyp: Diesel; Motorleistung: 279 PS; Geschwindigkeit: 56 km/h; Bewaffnung: PARS TOW (12 LFK)

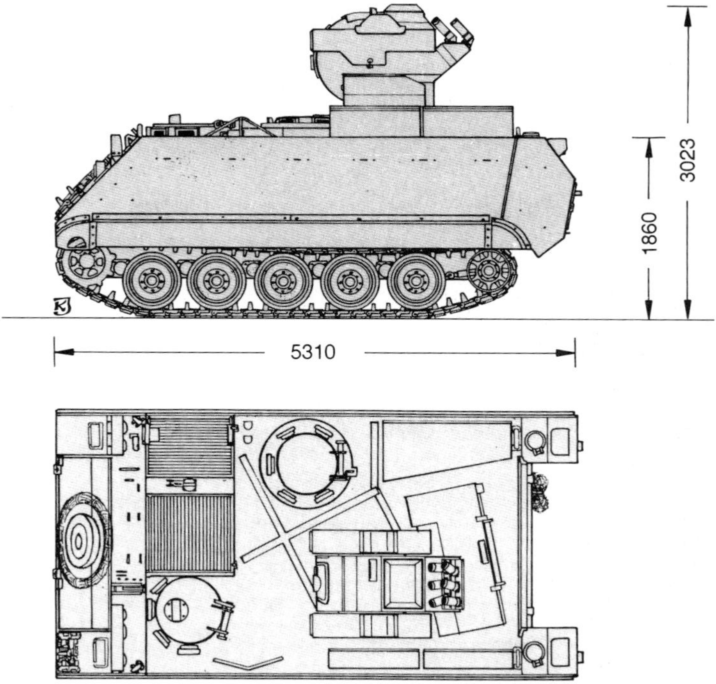

Seiten und Draufsichtskizze des kanadischen JPz M113 A2/TUA (Erkennungsblätter)

Heckansicht des M113 A2/TUA. Gut erkennbar, die große Heckklappe mit eingebauter Tür, die außenliegenden Kraftstoffbehälter mit zusätzlich in Halterungen befindlichen Betriebsstoffkanistern beiderseits der Heckklappe, die Staukästen auf dem Wannendach und die Nebelwurfbecher am Heck des Lenkschützenturms. (Erkennungsblätter)

Jagdpanzer YPR 765 PRAT

Der in den USA für die Niederlande produzierte JPz YPR 765 PRAT nutzt ebenfalls ein abgewandeltes Fahrgestell des US-Mannschaftstransportwagens M113; er ist ein Schwesterfahrzeug des SPz YPR-765. Die Sonderausrüstung für die Drehkuppel mit aufricht- und schwenkbarer Startergruppe für zwei TOW-Behälter und Tag-/Nachtvisier entspricht der des amerikanischen JPz M901. Das Nachladen erfolgt durch die dahinter liegende Dachluke. (Erkennungsblätter)

Mit dem YPR 765 als Trägerfahrzeug, der auf dem Fahrgestell des MTW M113 basiert, zusammen mit einer Abschuß- und Lenkanlage des PARS TOW beschafften die Niederlande ab 1981 insgesamt 119 Jpz YPR 765 PRAT (Pantser Rups Anti-Tank). Die in den USA bei Ordnance Division hergestellten Fahrzeuge sind mit einer Drehkuppel einschließlich aufrichtbarer Startergruppe für zwei TOW-Behälter und Tag-/Nachtvisier ausgerüstet. Die Startergruppe kann zurückgeschwenkt und durch die Dachluke nachgeladen werden. Insgesamt werden zehn LFK als Kampfbeladung mitgeführt. Als Sekundärbewaffnung verfügt das Fahrzeug an der Kommandantenluke über ein 7,62 mm-MG. Als Antrieb dient der 209-PS-V8-Ottomotor des M113.

Technische Daten YPR 765 PRAT

Verwendungszweck: Jagdpanzer; Herstellerland: USA; Besatzung: 4; Gewicht: 11,5 t; Länge: 5,26 m; Breite: 2,82 m; Höhe: 2,79 m (eingefahrene Startergruppe); Bodendruck: ?; Fahrbereich (Straße): ?; Motortyp: Otto; Motorleistung: 209 PS; Geschwindigkeit: 69 km/h; Bewaffnung: PARS TOW (10 LFK), 1 MG 7,62 mm

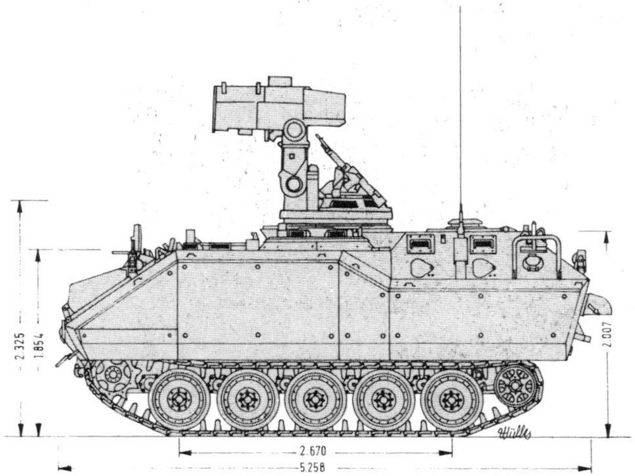

JPz YPR 765 PRAT (Erkennungsblätter)

Der YPR 765 PRAT ist noch mit einem Ottomotor ausgerüstet. (Erkennungsblätter)

Jagdpanzer SK 105 KÜRASSIER

Österreichischer JPz SK 105 KÜRASSIER (Wehrtechnik)

Zum Aufbau des österreichischen Bundesheeres erhielten die Kampftruppen im Herbst 1955 Waffen und Gerät aus der Sowjetunion und von den westlichen Alliierten. Dazu gehörte u.a. der französische Jagdpanzer AMX-13 mit einer 90 mm-BK. Da die Beweglichkeitsmerkmale des AMX-13 nicht befriedigten, wurde dessen Turm auf das Fahrgestell des seit 1961 eingeführten SPz 4K4F aufgesetzt. Der 1967 vorgestellte Prototyp des KÜRASSIER war jedoch bereits mit dem französischen 105 mm-Turm (FL 12) des kampfwertgesteigerten AMX-13 ausgerüstet. Der zweite Prototyp erschien 1969 und berücksichtigte bereits wesentliche Erfahrungen, die man durch die Erprobung gewonnen hatte. Nach der Auslieferung der ersten fünf Vorserienfahrzeuge (1971), lief die Serienfertigung des JPz SK 105 KÜRASSIER an. Die Hauptbewaffnung bestand zunächst aus der abgemagerten 105 mm-BK (CN 105 F1) des AMX-30. Die durch Verkürzung des Rohres und durch Einsatz einer Zweikammer-Mündungsbremse konnte die maximale Bremskraft für die Rohrbremsen wesentlich verringert werden. Der Schwingturm ist mit einer einfachen automatischen Ladeeinrichtung, bestehend aus zwei Trommelmagazinen mit jeweils sechs Patronen ausgerüstet. Weitere fünf Patronen für das manuelle Nachladen befinden sich im Turmkorb; der restliche Munitionsvorrat (25 Schuß) muß von außen aus einem Magazin in der Wanne — rechts neben dem Fahrer — entnommen werden. Als Sekundärbewaffnung verfügt das Fahrzeug über ein 7,62 mm-Blenden-MG rechts neben der BK. Bedingt durch die Konstruktion des Schwingturmes konnten alle Zieleinrichtungen und die dazugehörigen Übertragungselemente starr im Turmoberteil installiert werden. Der später auch in der SPz-Version der Reihe 4K7FA eingebaute 320-PS-Turbo-Dieselmotor wurde mit einem hydrostatischen Überlagerungs-Lenkgetriebe gekoppelt und diente fortan als Antriebsaggregat des KÜRASSIER. Eine ABC-Schutzbelüftungsanlage kann wegen des Schwingturmes nicht mit Erfolg eingesetzt werden; sie fehlt bei allen Versionen. Ab 1981 wurde der JPz Sk 105 KÜRASSIER in der Version A2 durch den Einbau eines elektrischen Richtgetriebes, eines digitalen Feuerleitrechners, eines Laser-Entfernungsmessers, eines Restlichtverstärkers mit Nachtkanal für den Kommandanten, eines leistungsfähigeren 370-PS-Dieselmotors sowie durch einen verbesserten ballistischen Schutz an der Turmfront kampfwertgesteigert. Nachdem 1985 entsprechende Änderungen für die Verwendung eines neuen Pfeilgeschosses am Fahrzeug vorgenommen wurden, erhielt die Version JPz SK 105 KÜRASSIER A3 (1986) einen völlig neukonstruierten Turm mit Schottpanzerung zur Aufnahme der auch im KPz M60 A1 des österreichischen Heeres verwendeten amerikanischen 105 mm-BK M68; der Munitionsvorrat verringert sich dadurch um elf Patronen von 43 auf 32 Schuß. Das Gefechtsgewicht stieg nochmals an, die Logistik wurde jedoch wesentlich vereinfacht.

Technische Daten SK 105

A1

Verwendungszweck: Jagdpanzer; Herstellerland: Österreich; Besatzung: 3; Gewicht: 17,5 t; Länge (Rohr 12 Uhr): 7,76 m; Breite: 2,50 m; Höhe (Turmdach): 2,41 m; Bodendruck: 0,74 kg/cm^2; Fahrbereich (Straße): 520 km; Motortyp: Diesel; Motorleistung: 320 PS; Geschwindigkeit (Straße): 65 km/h; Bewaffnung: BK 105 mm, 1 MG 7,62 mm

A2

Gewicht: 18,6 t; Länge (Rohr 12 Uhr): ?; Breite: ?; Höhe (Turmdach): ?; Bodendruck: ?; Fahrbereich (Straße): ?; Motortyp: Diesel; Motorleistung: 370 PS; Geschwindigkeit (Straße): ?; Bewaffnung: wie A1

A3

Gewicht: 20,7 t; Länge (Rohr 12 Uhr): ?; Breite: ?; Höhe (Turmdach): ?; Bodendruck: ?; Fahrbereich (Straße): ?; Motortyp: Diesel; Motorleistung: 370 PS; Geschwindigkeit (Straße): ?; Bewaffnung: BK 105 mm (M68), 1 MG 7,62 mm

JPz SK 105 A2 KÜRASSIER mit verstärktem Frontalschutz des Turmes, Querwindsensor, Restlichtverstärker-Kamera über dem Rohr und digitaler Feuerleitanlage. (Erkennungsblätter)

SK 105 A3 mit Schottpanzerung an Turmfront und Schlitzloch-Mündungsbremse. (Soldat und Technik)

Jagdpanzer IKV 91

Der schwedische JPz IKV 91 (Infanteriekanonvagn) ist mit einer konventionellen 90 mm-Zugrohr-BK und einem 7,62 mm-FlaMG bewaffnet. Das langgestreckte Fahrzeug hat ein Laufwerk mit sechs Scheibenrädern; das Triebrad ist hinten. Das Panzerkastenoberteil ist übergreifend und besitzt doppelte Seitenwände. Alle Kanten wurden abgerundet. Der eiförmige Drehturm mit zugespitzter Blende trägt eine glatte BK mit Rauchabsauger in der Mitte. Die Ausblickköpfe der Optiken des Kommandanten und des Richtschützen befinden sich rechts im Turmdach vor der drehbaren Kommandantenluke. Das FlaMG ist an der drehbaren Ladeschützenluke lafettiert. Oft befinden sich zwischen Kommandanten- und Ladeschützenluke zwei aufrichtbare Lyran-Leuchtkörper-Werfer. Der Fahrer sitzt vorn links im Bug, das geteilte Schwallbrett ist beigeklappt und wird nur für die Schwimmfahrt aufgerichtet. Das Fahrzeug erreicht auf der Straße eine Höchstgeschwindigkeit von 65 km/h, die Geschwindigkeit im Wasser beträgt max. 7 km/h. (Erkennungsblätter)

Im Jahr 1968 wurde der Konstruktionsauftrag für einen neuen schwedischen Jagdpanzer an die Firma Hägglund & Söner erteilt. Bereits ein Jahr später begannen nach der Vorstellung von drei Prototypfahrzeugen intensive Erprobungen. Fünf Jahre später wurden zwei Vorserienfahrzeuge fertiggestellt. Im Zeitraum 1975 bis 1978 wurden insgesamt 280 Serienfahrzeuge für den Einsatz in Nordschweden hergestellt. Die Hauptbewaffnung des Infanterikanonvagn IKV 91 besteht aus der 90 mm-Niederdruckkanone KV 90 S 73. Der Richtschütze verfügt über Zielfernrohr mit 10-facher Vergrößerung bei 6° Gesichtsfeld sowie über einen Laser-Entfernungsmesser, die beide mit einem Feuerleitrechner gekoppelt sind. Als Sekundärbewaffnung befindet sich an der Ladeschützenluke ein 7,62 mm-FlaMG. Zwei aufrichtbare Lyran-Leuchtkörper-Werfer sind an der Turmrückseite montiert. Das schwimmfähige Fahrzeug ist mit einem turboaufgeladenen 6-Zylinder-Dieselmotor mit einer Leistungsabgabe von 330 PS motorisiert. Die Bewegung im Wasser erfolgt über die Ketten. Der außergewöhnlich niedrige Bodendruck des JPz IKV 91 erlaubt seinen Einsatz auch im schweren und morastigen Gelände.

Technische Daten IKV 91

Verwendungszweck: Jagdpanzer; Herstellerland: Schweden; Besatzung: 4; Gewicht: 16,3 t; Länge (Rohr 12 Uhr): 8,84 m; Breite: 3,0 m; Höhe: 2,32 m; Bodendruck: 0,49 kg/cm^2; Fahrbereich (Straße): 500 km; Motortyp: Diesel; Motorleistung: 330 PS; Geschwindigkeit (Straße): 65 km/h; Bewaffnung: BK 90 mm, 1 FlaMG 7,62 mm

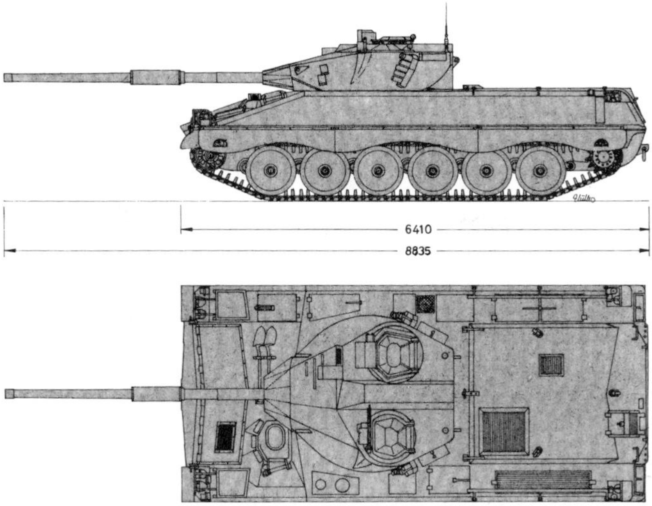

JPz IKV 91 (Erkennungsblätter)

Frontansicht des IKV 91. Interessant das Fenster in der linken Schwallbrett-Hälfte, das dem Fahrer ausreichende Sicht während der Schwimmfahrt ermöglichen soll, die beiden Spaten oberhalb des Schwallbrettes sowie die Ersatzkettenglieder an der rechten Turmseite. (Erkennungsblätter)

Jagdpanzer PANZERJÄGER 90

Der schweizerische neue PANZERJÄGER 90 nutzt das dreiachsige, mit zuschaltbarem Allradantrieb versehene Radfahrgestell der PIRANHA-Familie. Das Fahrzeug besitzt vorn eine Einzelachse und nach größerem Abstand hinten eine Doppelachse. Die Panzerwanne ist flach mit keilförmigem Bug und leicht eingewinkeltem Heck. Der 275-PS-Dieselmotor ist vorn rechts eingebaut, die Fahrerluke befindet sich im Wannendach links unmittelbar hinter der Bugschräge; dahinter etwas höher gesetzt und geringfügig herausragend die Kommandantenkuppel mit großer Beobachtungsoptik und Winkelspiegeln. Als Waffenanlage kommt der gleiche Lenkschützenturm wie beim kanadischen JPz M113 A2/TUA zum Einbau. Als Kampfbeladung werden 8 LFK TOW-2 mitgeführt. In der Heckmitte ermöglicht eine rechteckige Tür den Zugang zum Kampfraum. 310 PANZERJÄGER 90 sollen bis Ende 1992 dem schweizerischen Bundesheer zulaufen. Sie ersetzen die rückstoßfreie Panzerabwehrkanone 58 vom Kaliber 106 mm. (Erkennungsblätter)

Der PANZERJÄGER 90 ist ein Fahrzeug der PIRANHA-Familie, einer schweizerischen Entwicklung der Firma MOWAG. Nach Beginn der ersten Serienproduktion von PIRANHA-Fahrzeugen für den Export (1976) und der Lizenzvergabe an General Motors of Canada (1977), die 1982 zur Auslieferung des SPz LAV-25 für das US-Marinekorps führte, orderte das schweizerische Heer als weiteres Familienfahrzeug 310 Jagdpanzer mit dem PARS TOW. Die Serienproduktion dieses, als PANZERJÄGER 90 bezeichneten Jagdpanzers begann 1990 und erstreckt sich voraussichtlich bis Ende 1992. Das Fahrzeug besitzt einen zylinderförmigen Lenkschützenturm mit keilförmig herausragender Beobachtungs- und Lenkoptik auf dem Wannendach rückwärts der Fahrzeugmitte. An beiden Turmseiten befindet sich je eine Startvorrichtung für den LFK TOW 2. Insgesamt werden acht LFK mitgeführt. Das Nachtzielgerät mit Wärmebildgerät macht den PANZERJÄGER 90 voll nachtkampffähig. Angetrieben wird das 6-rädrige Fahrzeug durch einen 275-PS-Dieselmotor mit Turboaufladung.

Technische Daten PANZERJÄGER 90

Verwendungszweck: Jagdpanzer; Herstellerland: Schweiz; Besatzung: 5; Gewicht: 11,0 t; Länge: 6,23 m; Breite: 2,50 m; Höhe: 2,97 m; Fahrbereich (Straße): 500 km; Motortyp: Diesel; Motorleistung: 275 PS; Geschwindigkeit (Straße): 100 km/h; Bewaffnung: PARS TOW 2 (8 LFK)

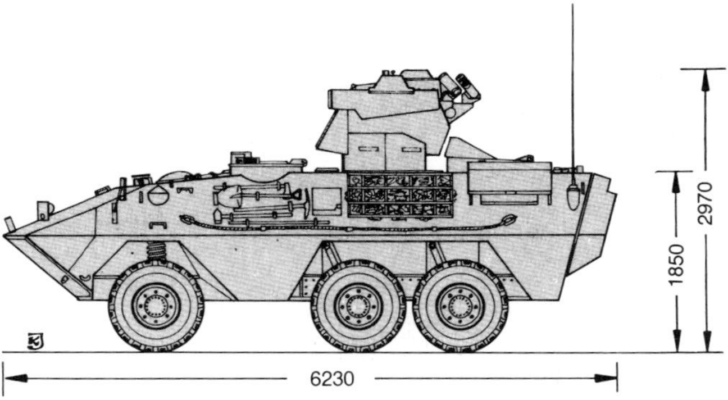

JPz PANZERJÄGER 90 (Erkennungsblätter)

Der PANZERJÄGER 90 ist dank seines Wärmebildgerätes nachtkampffähig. Auffällig der zerklüftete Lenkschützenturm, das Pioniergerät, der Korb für das Tarnnetz und die Abdeckplane und der Staukasten an der linken Wannenseite. (Erkennungsblätter)

Jagdpanzer M901

Der amerikanische JPz M901 war eigentlich eine Verlegenheitslösung, da eine bedrohliche Panzerabwehrlücke rasch geschlossen werden mußte. Er hat sich jedoch mittlerweile nicht nur wegen seines relativ geringen Stückpreises bewährt. Die dreh- und aufrichtbare Abschußanlage verschießt den PzAbwLFK TOW-2. (Soldat und Technik)

Zur raschen Schließung der damals bestehenden amerikanischen Panzerabwehrlücke wurde 1975 ein Einbausatz einer Abschußanlage für den LFK TOW in bereits vorhandene MTW M113 in Auftrag gegeben. Ein Jahr später wurden drei verschiedene Prototypfahrzeuge vorgestellt, von denen das Emerson-Konzept ausgewählt wurde. 1978 begann die Serienproduktion des neuen JPz M 901 zunächst auf dem Trägerfahrzeug M113 A1, später auf dem M113 A2. Die aufrichtbare Abschußanlage für zwei LFK TOW ist dreh- und schwenkbar. Insgesamt werden zwölf LFK mitgeführt. Mittlerweile sind alle Fahrzeuge in der US-Army in die Version M 901 A1 für den Einsatz des leistungsstärkeren LFK TOW 2 kampfwertgesteigert worden. An der Kommandantenluke befindet sich ein 7,62 mm-FlaMG. Angetrieben wird der M901 mit einem 215-PS-Dieselmotor. Ab 1984 steht ein äußerlich identisches Fahrzeug mit der Bezeichnung M981 im Truppeneinsatz. Dieses Fahrzeug dient zur Aufklärung von Artilleriezielen; es ist mit einem Laser-Entfernungs- und Richtungsmesser, einem Kompaß, Tag- und Nachtsichtzielgeräten und einer Datenübertragungsanlage ausgerüstet.

Technische Daten M901 A1

Verwendungszweck: Jagdpanzer; Herstellerland: USA; Besatzung: 4; Gewicht: 11,8 t; Länge (Rohr 12 Uhr): 4,88 m; Breite: 2,75 m; Höhe: 3,35 m; Bodendruck: ?; Fahrbereich (Straße): 420 km; Motortyp: Diesel; Motorleistung: 215 PS; Geschwindigkeit (Straße): 50 km/h; Bewaffnung: PARS TOW 2 (12 LFK), 1 FlaMG 7,62 mm

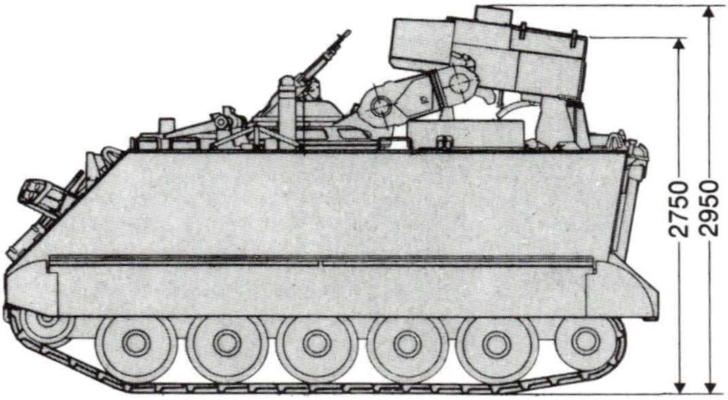

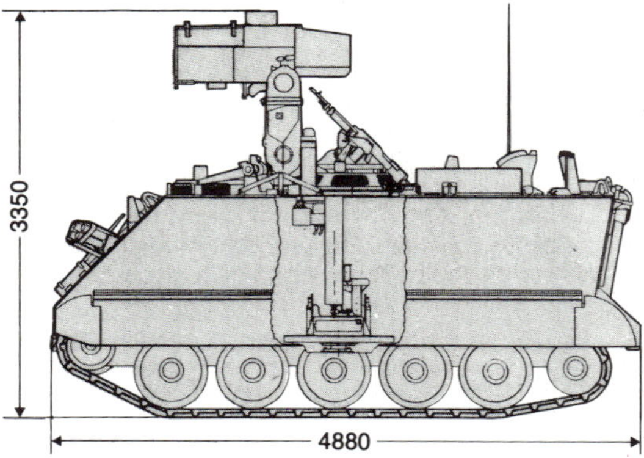

JPz M901 (Erkennungsblätter)

Amerikanischer JPz M901 am Golf (Desert Shield). (Tank Magazine)

Schwerer Kampfwagen A7V (2. Baulos) mit feldgrauem Grundanstrich, noch fehlender Tarnbemalung und abteilungsinterner Fahrzeugnummer (April 1918)
Abmess.: L: 8,00 m; B: 3,20 m; H: 3,50 m; Gew.: 32,0 t; Motortyp: 2 x Daimler »165204« 4-Zyl-Ottomotor mit je 100 PS; Geschw.: 9 km/h; Fahrbereich: 80 km; Besatzung: 18 Mann; Bewaffnung: BK 57 mm, 6 MG 08/15.
Insgesamt wurden nur 20 schwere Kampfwagen hergestellt.

PzKpfw IV, Ausf.H (Sd.Kfz. 161/2). Der Panzer IV war der bis zur Einführung des Panzer V (PANTHER) der Standardpanzer der Wehrmachts-Panzerverbände. Ab 1942 erhielten die Panzer IV eine längere 7,5 cm KwK, um der russischen 7,62 cm-Kanone gewachsen zu sein und um die starke Panzerung des T-34 auch auf größere Kampfentfernung durchzuschlagen zu können. Die 1943 eingeführte Ausf.H erhielt die nochmals verlängerte 7,5 cm-KwK L/48.
Abmess.: L (Rohr 12 Uhr): 7,02 m; B: 2,88 m; H: 2,68 m; Gew.: 25,0 t; Motortyp: Maybach HL 120 TRM V-12-Dieselmotor mit 300 PS; Geschw.: 38 km/h; Fahrbereich: 180 km; Besatzung: 5 Mann; Bewaffnung: BK 75 mm, 2 MG.
Insgesamt wurden ca. 9.000 PzKpfw IV hergestellt (Ausf.H = 3.073).

1. Kraftstofftanks (auf beiden Seiten)
2. Auspuff
3. Kraftstoff-Einfüllstutzen
4. Ventilator
5. Lufteinlaßgrill
6. Luftkühler für den Motor
7. gepanzerte Motorabdeckung
8. Turm (Produktionsturm)
9. Kommandantensitz
10. Kommandantenkuppel
11. Richtschützensitz (links)
    Ladeschützensitz (rechts)
12. 8,8 cm-KwK L/71
13. koaxiales MG 34
14. Ventilator
15. Züge im Kanonenrohr
16. Fahrerluke
17. Stoßdämpfer
18. Fahrersitz
19. Kopfpolster für den
    Funker (MG-Schützen)
20. Getriebe
21. Kugelblende für MG 34
22. sechs 8,8 cm-Patronen
23. Sitz des Funkers

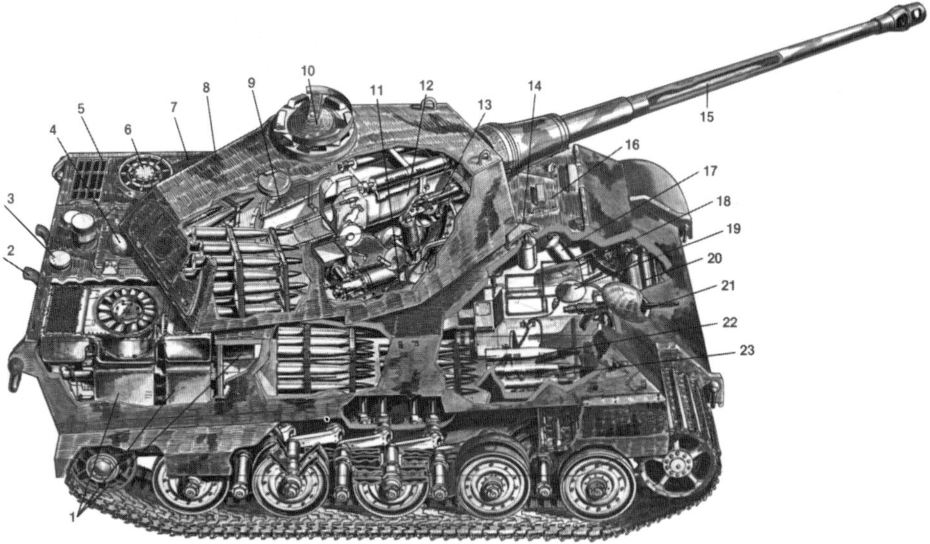

Röntgenskizze des PzKpfw VI (TIGER II) »KÖNIGSTIGER«, Ausf. B (Sd.Kfz. 182) mit Produktionsturm. Abmess.: L (Rohr 12 Uhr): 10,29 m; B: 3,76 m; H: 3,09 m; Gew.: 68,0 t; Bodendruck: 1,07 kg/cm^2; Motortyp: Maybach HL 230 P45 V-12-Ottomotor mit 700 PS; Geschw.: 40 km/h; Fahrbereich: 110 km; Watfähigkeit: 1,60 m; Besatzung: 5 Mann; Bewaffnung: BK 88 mm (8,8 cm-KwK L/71), 2 MG.
Insgesamt wurden 487 PzKpfw VI (TIGER II) hergestellt.

1. Infrarot-/Weißlicht-Schießscheinwerfer
2. Blenden, MG
3. Turmentfernungsmesser EMES 12 A1
4. Rundblickperiskop PERI R12
5. Winkelspiegel/Kommandant
6. Aufnahmekasten für IR-/Weißlicht-Schießscheinwerfer
7. Turmlagerung
8. Hülsenwanne
9. Drehbühne
10. Richtschützensitz
11. Elektro-hydraulische Richtanlage
12. MG-Hülsensack
13. Turmblende
14. Bordkanone mit Wärmeschutzhülle
15. Rauchabsauger
16. Hebel für Feststellbremsen
17. Elektrische Reihengangschaltung
18. Lenkung
19. Winkelspiegel/Fahrer
20. Heizung
21. Feuerlöschflaschen
22. Heizluftzuführung für Kampfraum
23. Batterien
24. Motor
25. Kühler
26. Werkzeugkasten
27. Getriebe
28. Fahrersitz
29. Bremspedal
30. Gaspedal

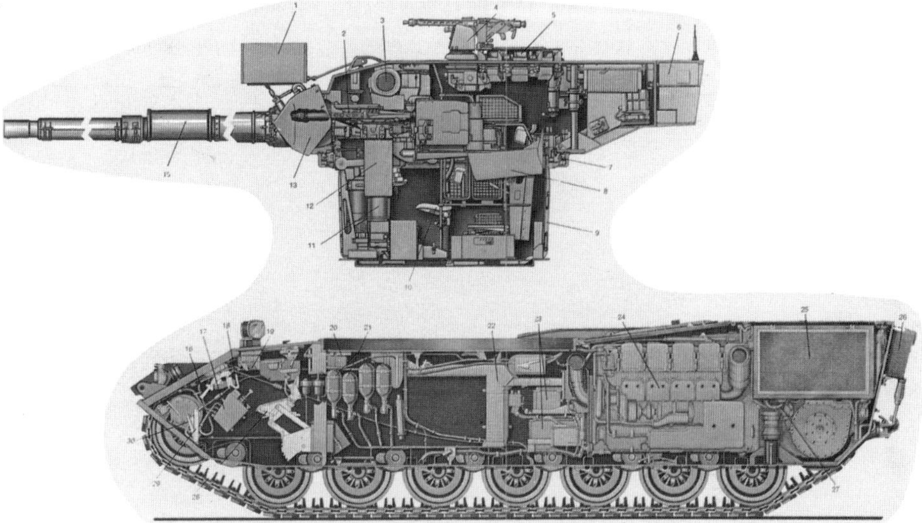

Kpz LEOPARD 1 A4 im Längsschnitt. Die ab 1974 gefertigten 250 Fahrzeuge der Ausführung A4 wurden mit einem Raumbildentfernungsmesser und einer analog-rechnergestützten Feuerleitanlage ausgerüstet. Der Kommandant erhielt das Rundblickperiskop PERI R12 mit stabilisierter Visierlinie; zusätzlich gelangte ein vollautomatisches Schaltgetriebe zum Einbau. Alle 250 LEOPARD 1 A4 der deutschen Bundeswehr werden auf den Rüststand des A5 kampfwertgesteigert und im Zuge der Verkleinerung der deutschen Streitkräfte an verbündete Armeen innerhalb der NATO geliefert/verkauft. Insgesamt erhielt die deutsche Bundeswehr 2.437 KPz LEOPARD 1.

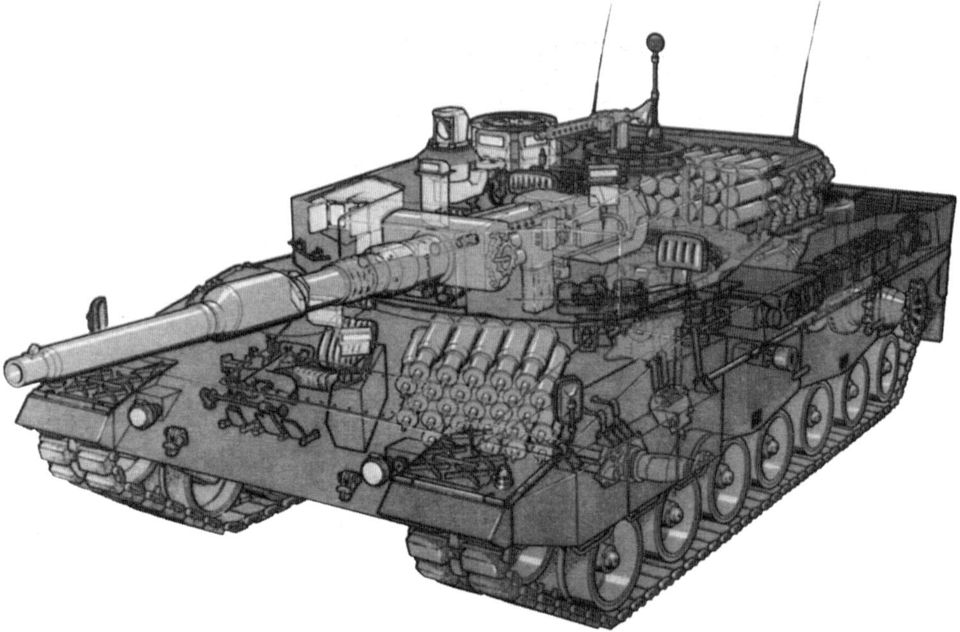

KPz LEOPARD 2 in der ursprünglichen ersten Serienversion mit Querwindsensor auf dem Turmdach. Alle Ausführungen A1-A3 wurden auf den Stand des A4 (u.a. WBG, digitaler Feuerleitrechner und Brandunterdrückungsanlage) kampfwertgesteigert. Die später produzierten Baulose 6 - 8 unterscheiden sich nur geringfügig von der Ausführung A4. Insgesamt erhielt die deutsche Bundeswehr 2.125 KPz LEOPARD 2.

SONDERAUSGABE!

KAMPF UND UNTERGANG DER DEUTSCHEN PANZERTRUPPE 1939 - 1945

Horst Scheibert

Die deutsche Panzertruppe vom ersten Einsatz bis zu den Endkämpfen. Der Hauptteil des Buches ist dem Einsatz in Rußland gewidmet, mit den gewaltigen Vorstößen in die Tiefe des Landes, mit den Zangenbewegungen und Kesselschlachten und dem Auftauchen des T-34. **Das unübertroffene Foto/Textbuch zur ehem. dt. Panzertruppe!** Aufstellung aller Panzerverbände der Wehrmacht, Angaben zu Unterstellungen, Umgliederungen und Ausrüstungen.

232 Seiten · 360 Fotos · Großformat · Pappband **39,80 DM**

ISBN: 3-7909-0010-9

DEUTSCHE KAMPFPANZER UND KAMPFFAHRZEUGE 1934 - 1945

Tarnanstriche · Bewaffnung

Bruce Culver / Bill Murphy

Von allen deutschen Panzer-Typen gibt es Detailaufnahmen, alle Fahrzeuge werden Kriegsjahr für Kriegsjahr in ihrer Entwicklung, besonders aber in der Verschiedenartigkeit der Tarnfarben abgebildet.
70 Zeichnungen in Farbe! Konstruktionsgerechte Maßstäbe!
Ein wichtiges Nachschlagewerk und für alle Modellbauer unentbehrlich!

100 Seiten · 180 Photos
70 farbige Zeichnungen · Großformat
ISBN: 3-7909-0055-0 **36,— DM**

JUNKERSFLUGZEUGE 1933-1945

Bewaffnung · Erprobung · Prototypen

Faksimile-Bericht des Prof. Bernulf Baade an die Sowjetische Militäradministration - Dessau 1946
240 S. · Großformat · 80 Bilder
ISBN: 3-7909-0427-9 **58,— DM**

MILITÄRFLUGZEUGE DER WELT

Das Handbuch der Kampfflugzeuge und Luftwaffen aller Nationen.
192 S. · **Taschenbuch**
ISBN: 3-7909-0333-7 **19,80 DM**